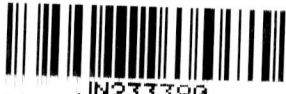

からだの呼びかけに耳を傾けながら

有元葉子のいちばん好きなごはん

my favorite foods by Yoko Arimoto

幻冬舎

ほかほかのご飯に、たっぷりの旬の野菜。それに近海ものの魚介や海草を添える。私の食事の基本は、もうずいぶん前から、穀類と野菜が主体の和食です。それも、からだが「こんなご飯が食べたい」と要求し、「あ、とっても、おいしそう」と応えてくれるものを、けっこう、気ままに口にしていたら、いつの間にか和食の素朴な味わいから逃れられなくなりました。やっぱり、私って、日本人だったのね、と改めて意識するのもこんなときです。

栄養のバランスを考えた献立も、凝った料理もいいけれど、あるとき、イタリアの元気なお年寄りを見ていてハッと気がつきました。食材は変われど、彼らも私たち同様に、パスタなどの穀類と新鮮な野菜が大好き。素朴なパスタと元気な野菜を大ぶりの器にラフに盛って、ただそれだけのシンプルな料理を、ワイワイガヤガヤ、実に楽しそうにエネルギッシュに食べる。お喋りと笑い声とがキャッチボールのように行き交う食卓を眺めながら、私は直感しました。からだの呼び声に素直に耳を傾けながら、からだが「食べたいもの」「おいしく感じるもの」を食べる。これこそ、いつも元気でいられる栄養学だということを。

なぜって、肉汁たっぷりの分厚いステーキを食べると、緑の野菜をたっぷり食べたくなりませんか？ 今日はちょっと疲れたかなと思うとき、なんとなく甘いものが恋しくなるでしょう。食べたいという欲求と栄養との帳尻は、ぴったり合っているのです。そこで私は「おいしいものは、からだにいい」と信じることにしました。

からだが食べたいと思うもの、からだがおいしいと喜んでくれるものを食べましょう。毎日のご飯は、食べて「ああ、気持ちいい」がキーワード。するとからだの振り子も自然に気持ちのいい状態に傾いてきてくれます。そんな振り子の揺れを保つためには、家で作る食事がどんなに大切なことか——と、最近しみじみ思うのです。

contents

※本書で使用した計量の単位は、カップ1＝200cc、米カップ1＝180cc、大さじ1＝15cc、小さじ1＝5ccです。
※本書で使用のオリーブ油は、すべてエクストラバージンオリーブオイルです。

調味料で大事なこと

新鮮ないい素材に出合うと、あまり手の込んだ料理にはしたくありません。なぜって、シンプルな料理ほど、素材本来のおいしさが前面に出てくれるから。ところが調味料がよくないと台なし。選び方によってかなり味が左右される場合が多いので、調味料って本当に大事だなあと思います。料理が上手、手際がいいという以上に、そういう「いいものを選ぶ目」といった感性を養っていくことのほうがより大事な気がします。

【塩】　いちばん大切な基本の調味料です。何も味をつけないで作って、〝あとからちょっと塩をつけて食べる〟方法も好きですが、塩自体がよいものでないとそういう料理は成立しません。私が使っているのはおもに上質の海の塩。それも製塩を見学して、自分の目と舌で確かめます。岩塩はあまり使わず、海辺での伝統的な製法を一生懸命守り続けているようなところの塩です。みんなでそれを使うことはそれを作り続けてもらうことにつながるから……。具体的には、日本の塩は室戸（深層水）の塩と沖縄の塩、ヨーロッパの塩はゲランドの塩（フランス）をおもに使っています。こういう塩は、計り知れないほどの自然のミネラル分をたっぷりと含んでいるのです。

【しょうゆ、みそ、砂糖】　しょうゆは父方の実家の会津若松のもの、みそはあんまり辛いのは苦手なので、越後（新潟）の麴みそを使用。砂糖はそのままなめてみてもとても上品な味でおいしい和三盆（和菓子用の砂糖）にハマっています。徳島の和三盆を作っているところにも何度か伺って、その手をかけた仕事ぶりに感激しました。

【油】　オリーブ油とごま油をよく使います。オリーブ油は油とはいえ、フレッシュなオリーブの実から絞ったものなので、いわばオリーブのジュース。しょうゆとの相性もなかなかです。オリーブ油に次いでオレイン酸が多く、からだにいいごま油。これも製油所を見学し、昔ながらの玉締法で本当に大事に作っているごま油を使っています。たいへんな苦労をしながら本物作りに取り組んでいるところを拝見すると、決してむだをせず大切に使おうという気になります。また、サラダ油はなんの種から絞ったか混合の素性がよくわかるもので、使ってみておいしいものを選びます。私は自分でおいしいと感じたゲッツ（アメリカ）の〝ピュアコットンシードオイル〟を愛用しています。

おいしいだしの話

私は日本の食事の基本は、やっぱりお米のご飯とだしの味ではないかと思います。昆布とかつお節でキチッととっただしは澄んだ琥珀色をしていてそれは美しく、そしておいしい。ちょっと塩をするくらいで、ほかは何も入れずに飲んでもすごくおいしいのです。それは調味料も同じで、いい調味料ほど素《す》のまま飲んでも本当に美味。

さて、メインのだしは昆布とかつお節、またはかつお節だけでとっただしを使いますが、いりこ（煮干し）でとっただしもコクがあってみそ汁やめんつゆなどに合い、これまたすごくおいしいのです。あまり好きではないという方もいますが、それは材料の選び方とだしのとり方次第という気がします。そこをキチッと押さえて上手にとれれば、もうこれに勝るものはないと思うくらいのだしになります。

こうした自然のいいだしを使っていると、カルシウムをはじめとするミネラルもたっぷりとれるうえに、インスタントの粉のだしを使うと「アッ、これ違う！」と舌がすぐにわかってしまうんです。とくに子どもはシビアなので、すぐに指摘されます。ですからこれからの時代を作っていく子どもたちにこそ、こういうものを食べさせてあげたいですね。そして、シンプルに料理したいと思ったら、主役として表にはあまり出てこない調味料や油やだしなどが、実はその味を決める最大の鍵だと思います。

【昆布とかつお節のだし】　❶だし昆布10～20㎝を水5カップに2時間程度つける。❷①を弱めの中火にかけ、煮立つ直前に昆布を取り出し、かつお節40～50gを加えてすぐに火をとめる。❸4～5分おき、沈むのを待つ。❹ざるの上に水にぬらして堅く絞ったさらしのふきんをかけ、③をあけてこす。このとき、ふきんは決して絞らないこと。かつおだしは昆布を入れず、同様にとる。

【いりこ（煮干し）のだし】　❶いりこははらわたを指でちぎり、頭は残す。❷水4カップに30尾くらいの割合で①を入れ、30分以上、できれば一晩そのままおく（一晩おいた水だしは火にかけず、いりこを取り除いてそのまま使うこともできる）。❸②を中火にかけ、アクが出たらすくい、火を弱めて5分ほど煮た後、いりこを取り出す。

まず、おなかの中を「きれいにする」
ことから始めましょう

からだに呼びかけても、「食べたいものがわからない」「おいしいと感じない」というとき、おなかの中の大掃除が必要かもしれません。

おなかの中がきれいにからっぽになっていれば、からだがほんとうに欲しているものを自然に教えてくれるからです。

なぜって、たとえば台所にドンと居座っている冷蔵庫。ときどき大掃除をしないと、必要なものをすぐに取り出せなかったり、冷やしたいものがすぐに冷えなかったり。頭の中もそう。ときどき整理しないと、いらない情報がいっぱい詰まりすぎて、新しい情報がなかなか入っていきません。

おなかの中も、古い食物が詰まったままでは、からだは芯からすっきりしません。逆にからだの中をからっぽにすれば、動きもなんだか軽くなり、おなかもすいてきます。

まずは、おなかの中を大掃除して、交通整理をしましょう。おなかをきれいにするには、和食にたっぷり含まれている根菜類や芋類に豆類、そして海草類や乾物など〝気持ちいい〟を生む食品をふだんからしっかり食べること。それらに含まれている食物繊維が、おなかの中を知らず知らずにすっきりさせてくれます。また、根菜類や豆類も和食にとらわれず、頭を柔らかくして、ときにはイタリアンや洋風煮込みにするなどしてみると、好きになるきっかけがつかめるかもしれません。

おなかのお掃除が上手な素材がなぜか好きで

根菜をかつお節たっぷりのだし汁でサッと煮て、サラダ感覚でいただく煮物です。

[材料](2人分) ●大根・れんこん／各4cm ●かぶ／2個 ●にんじん／⅓本 ●長ねぎ／½本 ●ゆずの皮／小1個分 ●煮汁{だし汁(かつお節)／カップ3 塩／小さじ1 しょうゆ／少々}

[作り方] ❶大根とにんじん、長ねぎは縦せん切りに、れんこんとかぶは皮をむいて薄切りにし、れんこんは酢水(材料外)につける。ゆずの皮は2～3cm長さのせん切りにする。❷鍋にだし汁と塩、しょうゆを煮立て、最初ににんじんを入れ、れんこん、大根、かぶを加えて好みの堅さに火を通す。❸②に①の長ねぎとゆずの皮を加えてざっと混ぜ、汁ごと器に盛る。

根菜のシャキシャキ煮

なんとなくおなかがすっきりしないというときは、からだは食物繊維を含んだ素材を欲しがっています。食物繊維といえば、こんにゃくや大根、そしてれんこんやごぼうといった根菜類。なぜか私はそのどれもが好き。これらをふんだんに使った料理から私は元気をもらっているのかもしれません。

不思議なほどいくらでも食べられてしまうこんにゃくのおいしさに、だれもがびっくり。

[材料]（2人分）◉こんにゃく（黒）／½枚　◉おろしポン酢｛大根おろし／カップ1½　ゆずの絞り汁／½〜1個分　しょうゆ・七味唐がらし／各適量｝

[作り方] ❶こんにゃくは水から火にかけ、煮立ったら4〜5分ゆでて水にとる。❷①のこんにゃくを包丁でできるだけ薄くスライスして器に盛る。❸大根おろしにゆずの絞り汁としょうゆをかけ、七味唐がらしをふって混ぜ合わせ、②のこんにゃくにからめて食べる。

こんにゃくのお刺身

大根と油揚げの煮物

大根の旬の時期に作りたい煮物。一度さまし、再度温めて味わうと味の含みが全然違うの。

[材料](2人分) ●大根／大½本　●大根の葉／½本分　●油揚げ／2枚　●煮汁｛だし汁／カップ3　酒／大さじ2　みりん／大さじ2　しょうゆ／小さじ2　塩／小さじ⅔｝

[作り方] ❶大根は4cm厚さの輪切りにして皮をむき、大きいものは半分に切って鍋に入れ、たっぷりのぬか(材料外)と水(または米のとぎ汁)を入れて柔らかくゆで、きれいに洗う。❷大根の葉はサッとゆでて4～5cm長さに切る。油揚げは油抜きして食べやすく切る。❸鍋に煮汁の材料と①の大根、②の油揚げを入れて落としぶたをし、弱火で20分ほど煮て一度火をとめてさます。❹③を再び火にかけて温め、大根の葉を加えてサッと火を通し、器にこんもりと盛る。

にんじんだけのスープ

にんじんばかりそれほど食べられないという人も、1杯のスープで1本がアッという間に。

[材料](2人分) ●にんじん/2本 ●玉ねぎ/½個 ●スープの素/½個 ●生クリーム/カップ½ ●塩・こしょう・ナツメグ/各少々

[作り方] ❶にんじんは皮をむいて乱切りに、玉ねぎは薄切りにする。❷鍋に①の野菜を入れて水をひたひたに注ぎ、スープの素を加えて柔らかくなるまで煮る。❸②をミキサーにかけ、再び鍋に戻して火にかけ、塩、こしょうで味をととのえ、生クリームを加えて混ぜる。❹器に盛ってナツメグをチーズおろし、またはおろし金でおろしてふる。

網焼きれんこんのオリーブ油じょうゆ

れんこんの皮むきも、アク抜きもせず、丸ごと味わいます。赤ワインにも合いそうです。

[材料]（２人分）◉れんこん／４～６㎝　◉たれ｛オリーブ油・しょうゆ／各大さじ２くらい（同量で合わせる）　こしょう／適量｝

[作り方] ❶れんこんは皮ごと１㎝厚さに切る。❷グリルの網を熱して①のれんこんを並べ、両面をこんがりと焼いて熱いうちにたれをかける。

ごぼうのパスタ

イタリアで生のアーティチョークを食べたとき、日本で作るなら、新ごぼうで……と直感。

[材料](2人分) ●スパゲッティ/180g ●新ごぼう/1本 ●にんにく/2かけ ●赤唐がらし/1〜2本 ●オリーブ油/大さじ5 ●塩・こしょう/各適量

[作り方] ❶新ごぼうはささがき、または細切りにして水に5分ほどさらし、水けをきる。❷にんにくはたたきつぶし、赤唐がらしは種を除いてちぎる。❸鍋に水3〜4ℓを沸かして塩(水1ℓにつき小さじ2)を加え、スパゲッティを入れてアルデンテにゆでる。❹③と同時進行で、深めのフライパンにオリーブ油と②のにんにく、赤唐がらしを入れて弱火で炒め、香りが立ったら、①のごぼうを加えて炒める。❺④にふたをして弱火で8〜10分ほど蒸し煮にし、新ごぼうの歯ごたえを残して塩、こしょうをふる。❻⑤に③のパスタを加えてあえる。

根菜を生かした献立のヒント

先に登場した大根、れんこん、ごぼうなどの根菜を生かした献立を紹介しましょう。組み合わせるおかずは、すべてこの本に出てくるものばかり。食物繊維をたっぷり含むメニューなので、いつの間にかおなかがすっきりし、からだ全体が軽やかになってきます。

p.014
大根と油揚げの煮物

p.041
小松菜のじゃこおろし　ポン酢あえ

p.099
わかめと卵のおかか炒め

「食べたいなあ」という組み合わせを考えていたら、根菜、大豆製品、青菜、小魚、海草、卵と、ヘルシーとかバランス食とかいわれる食材が自然に集合した感じです。

p.092
焼き豚肉の甘辛じょうゆ

p.012
根菜のシャキシャキ煮

p.099
ひじきとピーマンの炒め物

根菜を多くとりながら肉をいただく献立。こんなとり方をすると、腸の中に残りがちな肉のカスを、根菜の食物繊維が体外に押し出してくれます。もう一品は簡単炒め物。

p.017
ごぼうのパスタ

p.084
さんまのにんにくパン粉焼き

p.062
残り野菜のクリームスープ

噛みごたえのある根菜のパスタににんにくが香ばしい魚料理とスープのイタリアン。もう少し軽めにというときは、魚をいわしのビネガー漬け(p.083)に替えても。

にらと油揚げのみそ汁
青菜のお浸し
半干し大根とベーコンの和風炒め

根菜を生かした献立

半干し大根とベーコンの和風炒め

野菜中心のおかずなのに食べてみると不思議なほどのボリューム感。充分主菜になります。

[材料](2人分) ●大根/300g ●ベーコン/2枚 ●ひじき(乾燥品)/20g ●セロリ/⅓本 ●赤ピーマン/小1個 ●こんにゃく/3〜4cm ●サラダ油/大さじ2 ●しょうゆ/大さじ1 ●酒/小さじ1½ ●塩/少々

[作り方] ❶大根は皮のまま2〜3mm厚さの半月切りにし、ざるに並べてひなたに2〜3時間干す。❷ベーコンは5mm幅に切り、ひじきはもどして4〜5cm長さに切る。セロリは短冊切りに、赤ピーマンは細切りにする。❸こんにゃくは熱湯で下ゆでして薄切りにする。❹中華鍋にサラダ油を熱してベーコンをカリッと炒め、③のこんにゃくを加えてよく炒める。❺④に残りの材料を加えて軽く炒め、しょうゆ、酒、塩を加えて、あおるように炒める。

青菜のお浸し

あっという間にできる料理なので、緑の野菜が食べたくなったら即この方法を使います。

[材料](2人分) ●水菜(青菜ならなんでも)/½わ ●すだち/1個 ●しょうゆ/少々

[作り方] ❶水菜は熱湯でサッとゆでて水きりし、4cm長さに切る。❷①をそろえて器に盛り、すだちの絞り汁としょうゆをかけて食べる。

にらと油揚げのみそ汁

これも短時間でできるみそ汁。煮えばなに、にらと油揚げを入れるのがおいしさのコツ。

[材料](2人分) ●油揚げ/½枚 ●にら/1わ ●だし汁/カップ2½ ●みそ/大さじ2

[作り方] ❶油揚げは油抜き(揚げたての油揚げを使う場合は、油抜きをしなくてもよい)して2枚にはがし、細切りにする。にらはざく切りにする。❷鍋にだし汁を煮立ててみそを溶き、①の油揚げとにらを加えて一煮立ちさせ、器に盛る。

おいしい時期を見逃さない食べ方

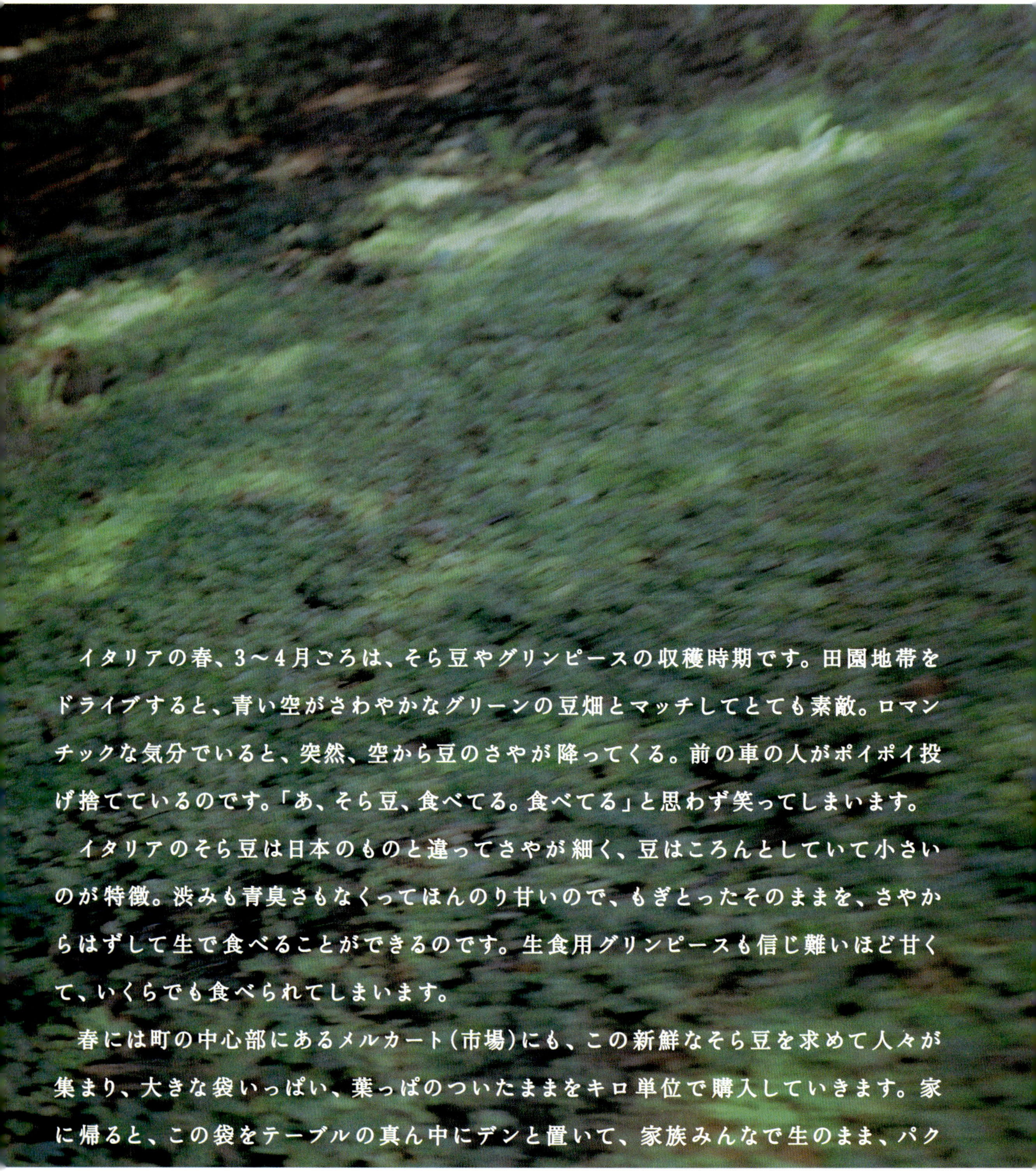

イタリアの春、3〜4月ごろは、そら豆やグリンピースの収穫時期です。田園地帯をドライブすると、青い空がさわやかなグリーンの豆畑とマッチしてとても素敵。ロマンチックな気分でいると、突然、空から豆のさやが降ってくる。前の車の人がポイポイ投げ捨てているのです。「あ、そら豆、食べてる。食べてる」と思わず笑ってしまいます。

イタリアのそら豆は日本のものと違ってさやが細く、豆はころんとしていて小さいのが特徴。渋みも青臭さもなくってほんのり甘いので、もぎとったそのままを、さやからはずして生で食べることができるのです。生食用グリンピースも信じ難いほど甘くて、いくらでも食べられてしまいます。

春には町の中心部にあるメルカート（市場）にも、この新鮮なそら豆を求めて人々が集まり、大きな袋いっぱい、葉っぱのついたままをキロ単位で購入していきます。家に帰ると、この袋をテーブルの真ん中にデンと置いて、家族みんなで生のまま、パク

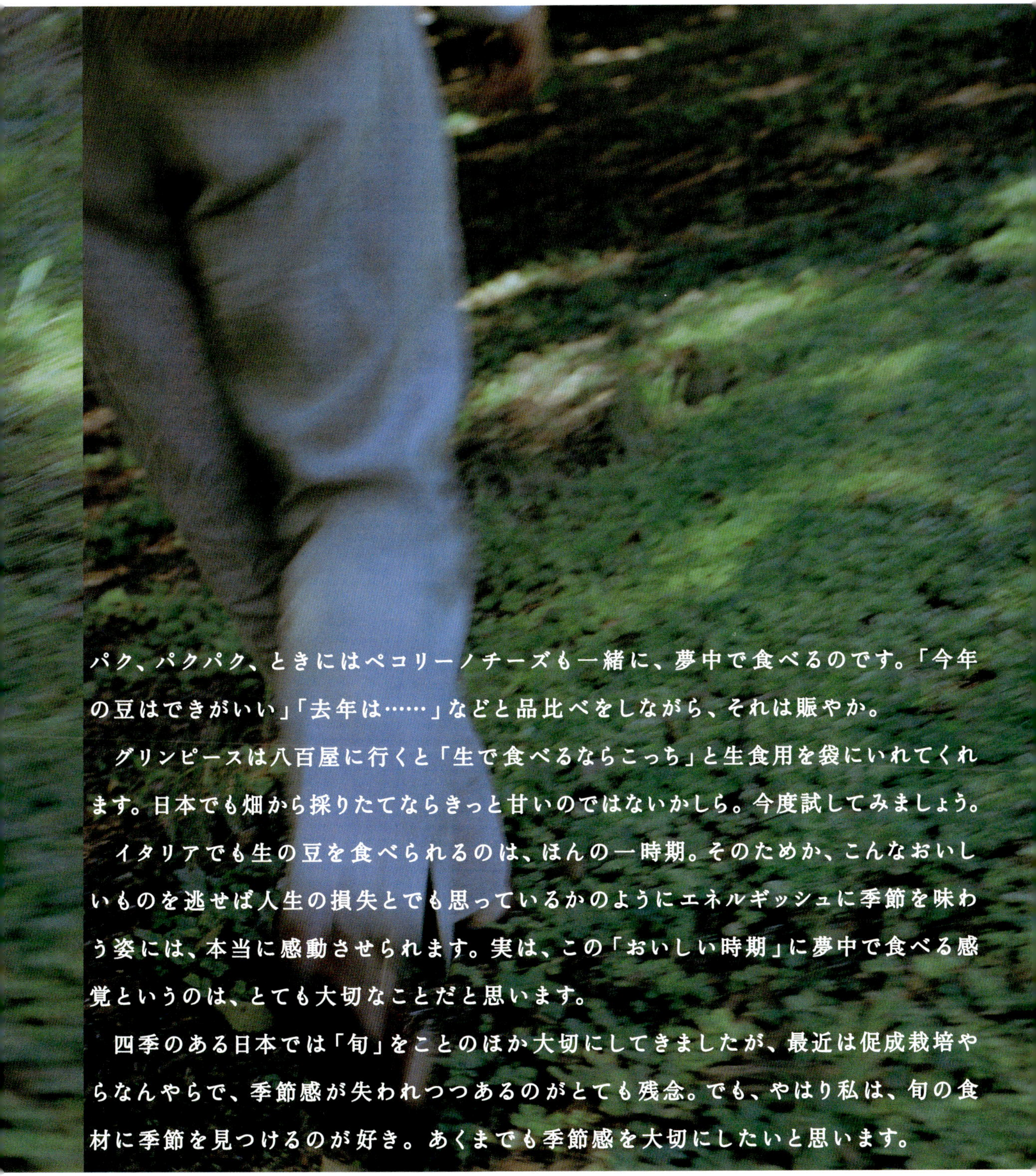

パク、パクパク、ときにはペコリーノチーズも一緒に、夢中で食べるのです。「今年の豆はできがいい」「去年は……」などと品比べをしながら、それは賑やか。

グリンピースは八百屋に行くと「生で食べるならこっち」と生食用を袋にいれてくれます。日本でも畑から採りたてならきっと甘いのではないかしら。今度試してみましょう。

イタリアでも生の豆を食べられるのは、ほんの一時期。そのためか、こんなおいしいものを逃せば人生の損失とでも思っているかのようにエネルギッシュに季節を味わう姿には、本当に感動させられます。実は、この「おいしい時期」に夢中で食べる感覚というのは、とても大切なことだと思います。

四季のある日本では「旬」をことのほか大切にしてきましたが、最近は促成栽培やらなんやらで、季節感が失われつつあるのがとても残念。でも、やはり私は、旬の食材に季節を見つけるのが好き。あくまでも季節感を大切にしたいと思います。

お芋は意外に思えるほどのヘルシー食品です

和三盆を使った煮物はとても上品な味わい。一度使いはじめたら止まらなくなりました。

[材料]（2～3人分）●さつま芋／2本（400～500g）　●甘長唐がらし*（またはしし唐）／15～16本　●揚げ油／適量　●煮汁｛酒・水／各カップ1½　和三盆／カップ½　しょうゆ／大さじ2｝　＊甘長唐がらしは〝万願寺《まんがんじ》唐がらし〟ともいう。

[作り方]❶さつま芋は皮ごと1.5cm厚さの輪切りにして170度の揚げ油で揚げる。❷甘長唐がらしも素揚げにする。❸鍋に煮汁の材料を煮立てて①のさつま芋を入れ、柔らかくなるまで煮て取り出す。❹③の煮汁を煮つめてとろりとさせ、②の甘長唐がらしと③のさつま芋を戻し入れて煮汁をからめ、器に盛って煮汁をかける。

さつま芋の揚げ煮

お芋というと食物繊維がたっぷりという印象があるでしょう。そのうえ、さつま芋やじゃが芋はみかんに近い量のビタミンCを含み、しかも、取りすぎた塩分を体外に出してくれるカリウムまでも、たっぷり含んでいるとか。お芋の意外な素顔をみんなもっと認めてあげなくては。

焼いたもちやバタートーストにもよく合うごま砂糖。香ばしいごまと上品な甘さが好相性。

[材料](2人分) ●長芋/適量　●ごま砂糖{いり白ごま(金ごま)/適量　和三盆/ごまの分量の半量　塩/少々}

[作り方] ❶長芋は皮ごと3cm厚さの輪切りにして、湯気の上がった蒸し器に入れ、竹串がスーッと通るまで10分ほど蒸す。❷ごまは半ずりにして和三盆と塩を加えて混ぜる。❸①の長芋に②のごま砂糖をまぶす。

蒸し長芋のごま砂糖

芋や豆を生かした献立のヒント

さつま芋はおやつの食材、枝豆は和風料理の素材といった固定観念はスッパリ捨てましょう。たとえば、里芋をホワイトシチューに使ってみるととても美味。柔らか頭でいろいろチャレンジすれば、新しい味覚のフュージョンの世界を発見できます。

p.082
いわしの酒蒸し

p.024
さつま芋の揚げ煮

p.051
クレソンとりんごのシャキシャキサラダ

さつま芋の揚げ煮がかなりボリュームがあるので、あとはあっさりと。もっとしっかり食べたいときは魚料理を、さば一尾のカレー風味焼き(p.081)にするといいでしょう。

p.030
枝豆だけのコロッケ

p.093
たたき牛肉のレバニーズ風

p.050
にがうりと香味野菜のおかかじょうゆ

夏バテ防止の疲労回復メニュー。ビールのつまみがまたゆでた枝豆……といわれない変化球の料理を。それに自家製のひき肉で作った料理を生の夏野菜とともに。

p.033
3種の豆のミネストローネ

p.059
いわしの塩焼きと野菜のサラダ

2品献立ですが、3種類の豆、魚、野菜とバランスもボリューム感も充分。豆をコトコト煮ている間にいわしを焼いて、サラダを仕上げておきましょう。

キャベツのペッパー風味スープ
ゆで牛肉の玉ねぎドレッシング
じゃが芋の香り焼き

芋や豆を生かした献立

じゃが芋の香り焼き

鉄のフライパンで焼きたい。この献立にパンを添えてもいいけれど、私はじゃが芋で充分。

[材料](2人分) ●じゃが芋／中3個 ●にんにく／1かけ ●ローズマリー／2〜3本 ●ローリエ／2〜3枚 ●オリーブ油／大さじ3〜4 ●塩／少々

[作り方] ❶じゃが芋は水から竹串がスーッと通るまでゆでて1.5cm厚さの輪切りにし、皮をむく。❷にんにくをつぶしてオリーブ油で炒め、①の芋を加えてローズマリーとローリエも加え、中火で両面をこんがりと焼いて塩をふる。

ゆで牛肉の玉ねぎドレッシング

リーフ(葉)野菜はこうした肉と一緒にいただくと一段とおいしく感じられます。

[材料](2人分) ●牛薄切り肉／100g ●サニーレタス／1〜2枚 ●ベビーリーフ(サラダ用リーフセット)／1袋 ●香菜／1株 ●玉ねぎドレッシング{玉ねぎ／½個 サラダ油・米酢／各大さじ4 塩・こしょう／各適量} ●いりごま(金ごま)／適量

[作り方] ❶牛肉はサッとゆでて水きりする。サニーレタスとベビーリーフ、香菜は食べやすく切って混ぜる。❷玉ねぎはすりおろして残りの材料と合わせてドレッシングを作る。❸①の牛肉に②のドレッシングをからめ、野菜と合わせて器に盛り、ごまをふる。

キャベツのペッパー風味スープ

キャベツを大切りのままコトコトと煮ている間に、ほかの料理の支度をして仕上げます。

[材料](2人分) ●キャベツ／¼個 ●玉ねぎ／½個 ●スープの素／1個 ●粒こしょう／ひとにぎり ●塩／適量

[作り方] ❶キャベツと玉ねぎは半分に切って鍋に入れ、スープの素と粒こしょうを加えて水をひたひたに注ぐ。❷①の鍋にふたをして弱火で30分ほど煮て、塩で味をととのえる。

豆類には芽を出す力――つまり、生命力が秘められています

中は素の枝豆ペースト。揚げたてにゲランドの塩(p.007参照)をつけるのが私流。

[材料](2人分) ●枝豆(さやつき)/350g ●衣{小麦粉・溶き卵・パン粉/各適量} ●揚げ油/適量 ●塩/適量

[作り方] ❶枝豆は塩ゆでしてさやから豆をはずし、フードプロセッサーにかけてねっとりするくらい細かくする。❷パン粉はフードプロセッサーでより細かくする。❸①を一口大の俵形にまとめて衣を順につけ、揚げ油でこんがりと揚げて器に盛り、塩を添える。

枝豆だけのコロッケ

生の豆は土に返り、太陽を浴び、水を吸って、やがて芽を出す──それってすごいことだと思いませんか。そんな生命力を秘めた豆には、知られている以上の未知なる栄養が含まれているような気がします。乾燥豆は充分水を含ませてゆで上げると、たちまち息を吹き返したようにほっこりと煮上がるのです。

冷やした白ワインに合う私の大好きな料理。豆はそら豆、グリンピースなど旬のものなら。

[材料](2人分) ◉枝豆(ゆでたもの・正味)・クスクス(乾燥品)／各カップ1　◉オリーブ油／大さじ5　◉香菜／1株　◉ディル／3～4本　◉塩・こしょう／各適量

[作り方] ❶クスクスはふたつきの鍋に入れ、全体がしっとりするくらい熱湯をかけて混ぜ、ふたをして10分ほどおく。❷①のクスクスにオリーブ油大さじ3を回しかけて弱火にかけ、木じゃくしでほぐすようにしてサラサラの状態にする。❸香菜とディルは細かく刻む。❹ボウルにゆでた枝豆と②の粗熱を取ったクスクス、③を入れ、オリーブ油大さじ2、塩、こしょうを加えて混ぜ合わせ、器に盛る。

枝豆とクスクスのサラダ

ひよこ豆と鶏肉の煮込み

私の家があるウンブリア州は豆の産地。あらゆる使い方をして一年中食べます。

[材料]（2人分）●ひよこ豆（ゆでたもの）／カップ1½　●鶏骨つきぶつ切り肉／250g　●玉ねぎ／½個　●にんにく／1かけ　●ローズマリー・タイム（またはセージ）／各2本　●オリーブ油／大さじ3　●塩・こしょう／各適量

[作り方] ❶玉ねぎはみじん切りにし、にんにくはたたきつぶす。❷鍋にオリーブ油を熱して①を炒め、鶏肉も加えて炒める。❸鶏肉の色が変わったらひよこ豆を加え、水をひたひたに注いで軽く塩、こしょうをふり、ハーブ類を加えて中火で煮る。❹③が煮立ったらアクを取り、中火弱で汁けがほとんどなくなるまで煮て、最後に塩で味をととのえる。

3種の豆のミネストローネ

イタリアの家庭にはそれぞれのマンマ(母)のミネストローネがあるの。これは我が家のマンマ、つまり私のミネストローネということかしら。

[材料](4人分) ●白いんげん豆・ひよこ豆・レンズ豆(各ゆでたもの)／各カップ1 ●トマト／1個 ●玉ねぎ／$\frac{1}{2}$個 ●にんにく／1かけ ●スープの素／1個 ●水／カップ3 ●オリーブ油／大さじ2〜3 ●ローズマリーまたはタイム／少々 ●塩・こしょう／各少々

[作り方] ❶トマトはざく切りに、玉ねぎはみじん切りに、にんにくはたたきつぶす。❷鍋にオリーブ油を熱して①のにんにくと玉ねぎを炒め、3種の豆とトマト、ローズマリー、スープの素と分量の水を加え、中火弱でコトコトと煮る。❸スープが豆類の高さの$\frac{2}{3}$くらいに煮つまったら、塩、こしょうで味をととのえる。

切り干し大根のごまじょうゆあえ

私は切り干し大根をしっかりもどして、生のまま食べるのが好き。その歯ごたえを楽しむの。

[材料](2人分) ●切り干し大根(乾燥品)/50g　●ごまじょうゆ{いりごま(金ごま)/大さじ4　しょうゆ/小さじ2〜3　酒/小さじ1}　●おろししょうが/1かけ分　●しょうがのせん切り/適量

[作り方] ❶切り干し大根は水洗いしてからさらにもみ洗いし、水に30分浸す。❷①の水けをよく絞ってざく切りにする。❸いりごまはよくすってしょうゆと酒を混ぜ、さらによくすってからおろししょうがと②を加えてあえ、器に盛ってせん切りしょうがをのせる。

乾物には凝縮した滋養が詰まっています

半干し野菜の中華風辛みあえ

半干しにすると驚くほどの量の野菜が1回でとれます。多量の野菜は傷む前にまず干して。

[材料](2人分) ●なす/3～4個　●赤ピーマン・黄ピーマン/各1個　●ズッキーニ/1本　●さやいんげん/80g　●揚げ油/適量　●あえ衣{練りごま/大さじ3　しょうゆ/大さじ2　酢/大さじ½　豆板醤/小さじ1　にんにくのみじん切り/小1かけ分}

[作り方] ❶野菜はそれぞれ薄切りまたは細切りにして半日くらい干したものを用意する。❷揚げ油を高温に熱して①の野菜を少量ずつ入れ、サッと揚げて(油通しして)油をきる。❸あえ衣の材料を混ぜ合わせ、②の野菜をあえる。

切り干し大根、干ししいたけ、海草、乾燥豆なども食物繊維の宝庫。それ以外にも、計り知れないほどの滋養が含まれているらしいけど、なによりも噛めば噛むほど味が出る素朴なおいしさが好き。最近は好きがこうじて、自分でいろいろな野菜の半干しを作るのにも凝っています。

ドライトマトのブルスケッタ

ドライトマトを使ったこの料理は、ミラノに住むレバノン人デザイナーに教わりました。

[材料](２人分) ◉フランスパン／適量　◉ドライトマト(半生くらいのもの)／３個　◉オリーブ油／大さじ２～３　◉塩・こしょう／各少々　◉フレッシュオリーブの炒め物｛オリーブの実(生)／15～16個　オリーブ油／大さじ２　塩／少々｝

[作り方] ❶ドライトマトはフードプロセッサーにかけ、オリーブ油と塩、こしょうを加えてペースト状にする。❷フランスパンを薄切りにしてこんがりと焼き、①を塗って食べる。❸採れたての生のオリーブ(ベランダ菜園も可)があれば、オリーブ油で炒めて塩をふり、②に添える。なければ塩漬けのオリーブをそのまま添えて。

最近気に入っている野菜の半干し。薄くスライスし、
あるいは大ぶりのせん切りにして重ならないように並べ、
夏なら２時間、冬なら１日近くの日光浴を。
ちょっと生っぽく、ほどよくしんなり仕上がった
手作り干し野菜は、揚げて、炒めて、あえておいしく、
凝縮した栄養も文句なしにたっぷり。

出すものを出すと「足りないもの」を
からだはちゃんと教えてくれます

とにかく私は野菜が好き。魚や肉の料理を作るときでさえ、「野菜をたっぷり食べるための魚や肉料理」とか、「野菜をもっとおいしく食べるために魚や肉の力を借りる」と考えるくらいの野菜党。和食以外では、イタリア料理やベトナム料理がいつの間にか好きになったのも、野菜がたっぷり食べられるメニューだからです。

そうそう、ベトナム料理で思い出しました。あるときベトナムに一緒に旅した友人が、日本では便秘でたいへん苦労していたのに、旅行中にケロリと解消できて大喜び。そのくらいベトナム料理には野菜が多いのですね。それからの彼女はますますベトナム料理好きになって、「野菜を食べると、こんなに気持ちがいいってはじめて知りました」と、すっかり野菜党に変身しました。

野菜には、私たちのからだの中ではつくり出せないビタミンやミネラルがいっぱい詰まっています。だから、おなかの大掃除をして、出すものを出すと「野菜がおいしい。もっと食べて、もっときれいになろう」って、きっとからだが教えてくれます。野菜料理はシンプルに食べるのが好きですが、それには、野菜そのものがおいしいことが条件です。残念ながら最近の野菜は季節感もなければ、味の個性も薄れてきています。でも、おいしいもの、いいものを選ぶ努力だけは惜しみたくない。私は、農家から直接取り寄せたりもして、旬の野菜の味を楽しんでいます。健康な土で、太陽をたっぷり浴びてすくすくと育った野菜の、なんとおいしいこと。ほんとうの野菜のおいしさを、次代を担う子どもたちにも伝えたいなんて思いながら、目で、舌で、からだ全体で味わっています。

青い野菜が食べたくなったら、即作りはじめる料理です

煮浸しとあえ物はうちの青菜の定番。野菜料理の定番といってもいいかも。

[材料](２人分) ●ほうれんそう／１わ　●煮汁｛だし汁(かつお節)／カップ２　しょうゆ・塩／各小さじ$\frac{2}{3}$｝　●糸がきかつお／適量

[作り方] ❶ほうれんそうは塩ゆで(分量外)して水にとり、水けを絞って４〜５㎝長さに切る。❷煮汁を温めて①の水けをもう一度絞ってから加え、器に盛って糸がきかつおをのせる。

ほうれんそうの煮浸し

仕事でたまたま肉料理が続いたりすると、無性に緑の濃い野菜が食べたくなります。そんなときは、一刻も早く早くとからだが呼んでいるような気がするので、定番の煮浸しやあえ物の出番です。とにかく「食べたいときが、うまいとき」ですから、気軽に作れるものがいちばん。

この方法で作ると青菜1わを1人で食べちゃうくらい止まらないの。好みの青菜で応用可。

［材料］（2人分）●小松菜／1わ　●大根おろし／カップ2　●ちりめんじゃこ／カップ$\frac{2}{3}$　●ポン酢しょうゆ／適量

［作り方］❶小松菜は塩ゆで（材料外）して水けをきり、4～5㎝長さに切る。❷大根おろしはざるに入れて自然に水けをきる。❸①の小松菜の水けをもう一度絞ってボウルに入れ、②の大根おろしとちりめんじゃこ、ポン酢しょうゆを加えて全体をあえる。

小松菜のじゃこおろし　ポン酢あえ

半干し大根葉のごま風味

大量の大根葉がギュッと凝縮された一品。うちはかぶもセロリも葉まですべて食べます。

[材料](２人分) ●大根の葉／1本分　●ごま油／大さじ２～３　●塩／適量　●いりごま(金ごま)／大さじ３～４

[作り方] ❶大根の葉は３～４時間ひなたで干してしんなりさせ、細かく刻む。❷鍋にごま油を熱して①の葉を炒め、シャキッとしているうちに塩をふり、いりごまを混ぜる。

ルッコラのサッと炒め

バルサミコ酢を使えばイタリアンに変わる大人味の炒め物。クレソンの苦みを加えても。

[材料](2人分) ●ルッコラ／300g ●ベーコン／2～3枚 ●にんにく／1かけ ●しょうゆ(またはバルサミコ酢)／大さじ1 ●いりごま(金ごま)／大さじ1～2 ●サラダ油・こしょう／各少々

[作り方] ❶ベーコンは2cm幅に切り、にんにくはたたきつぶす。❷サラダ油を熱して①を炒め、ベーコンの脂分を充分に引き出す。❸②にルッコラを加えてサッと炒め合わせ、火をとめて、加減しながらしょうゆまたはバルサミコ酢をかけ、ごまとこしょうをふって混ぜ合わせる。

ごく新鮮な野菜は「よりシンプルに……」がおいしい

塩をしてオリーブ油で煮るだけ。でも、「野菜ってこんなにおいしいの」と実感できる逸品。

[材料]（4人分）●なす・トマト・ジャンボピーマン・かぼちゃなど／各適量　●タイム／適量　●にんにく／2かけ　●塩・こしょう・オリーブ油／各適量

[作り方] ❶野菜は大きめに切る。にんにくは包丁の腹でつぶす。❷厚手の鍋に①とタイムを入れ、塩、こしょうをふってオリーブ油をたっぷりとかけ、ふたをして野菜が柔らかくなるまで煮る。（つけ合わせは、p.046の「きゅうりとフェンネルの浅漬け風」）

夏野菜のオリーブ油煮

新鮮な野菜が手に入ったら、ほかのことはひとまずおいてすぐに調理にとりかかりましょう。塩をふってもむだけ、あるいは煮るだけで驚くほど極上の味。そう、その鮮度に生かされた野菜の命みたいなものを味わうわけです。コツコツと育てた滋養を少しでも失わせるのはもったいないことですから……。

氷の入った器に採れたてのトマトを丸ごとのせて食卓へ。と、卓上の調味だけで一品完成。

[材料]（2人分） ●フランスパン／小1本　●完熟トマト／3〜4個　●にんにく／1〜2かけ　●バジル／3〜4枚　●塩・こしょう／各適量　●オリーブ油／大さじ2

[作り方] ❶トマトとバジルは冷水に浸してよく冷やしておく。にんにくはたたきつぶす。❷器に①のトマトをのせてフォークで粗くつぶし、バジルとにんにくを添えて塩、こしょうをふり、オリーブ油をかける。❸②を混ぜ、ちぎったパンにこれをつけて食べる。

フレッシュトマトのクラッシュ

きゅうりとフェンネルの浅漬け風

新鮮なきゅうりが手に入ったら、すぐに塩をふっておきます。おやつにもなる洋風浅漬け。

[材料](2～3人分) ●きゅうり／5本 ●塩／大さじ1強 ●フェンネルのつぼみ部分／4個 ●にんにく／2かけ ●白ワインビネガー／大さじ4 ●こしょう／少々

[作り方] ❶きゅうりは一口大に切って塩をふり、1時間ほどおいてからよく絞る(食べてみて塩けが強ければ、サッと水洗いする)。❷にんにくはたたきつぶす。❸①のきゅうりににんにく、フェンネルのつぼみを加えて、ワインビネガーとこしょうを混ぜ、上下を返しながら1～2時間ほどおいて味をなじませる。

ルバーブの砂糖がけとミントティー

新鮮なルバーブなら生でもおいしい。生で食べるときは皮をむき、ジャムなら皮つきでも。

[材料]（2人分）●ルバーブ／½本　●グラニュー糖／適量　●レモン／½個

[作り方] ❶ルバーブは皮をむき、斜め薄切りにして器に盛る。❷グラニュー糖を好みの量かけ、レモン汁を絞りかける（このまま煮ると、ジャムができる）。

本場モロッコのハーブティーのいれ方です。紅茶の種類はなんでもいいので好みのものを。

[材料]（2人分）●ミントの葉・紅茶の葉・砂糖／各適量　●熱湯／カップ2

[作り方] ❶耐熱のカップにミントの葉をたっぷり入れる。❷熱湯で熱い紅茶をいれ、①のカップに注ぎ、好みで砂糖（多めが美味）を加え、混ぜる。

煮込み野菜は母の味わい

だしの出るきのこを4種類も加えたら、それはもうおいしい。だれかが貝の味がする……と。

[材料](2人分) ●生しいたけ／6個　●しめじ／1パック　●えのきだけ／1袋　●エリンギ／2本　●煮汁｛だし汁／カップ2½　酒／小さじ1½　塩・しょうゆ／各小さじ1｝　●ゆずの皮のせん切り／1個分

[作り方] ❶生しいたけは石づきを除いて四つに裂き、しめじとえのきだけは根元を切ってほぐす。エリンギは縦に食べやすく裂く。❷鍋に煮汁の材料を入れて煮立て、①のきのこ類を加えてサッと火を通し、器に汁ごと盛ってゆずの皮をたっぷりのせる。

いろいろきのこのサッと煮

キッチンからプーンとおしょうゆの香りが漂ってきて、おいしいだし汁をたっぷり含んだ煮物のでき上がり。そんな野菜の煮物を口に含むと懐かしい母の香りがして心なごむのです。でも、きのこだけの煮物とか、かぼちゃの煮物にピーマンも入れてみたりの小さなチャレンジは私流。

いつもはみりん党の私だけど、和三盆は別格。煮上がりの色は少し濃くなります。

[材料](2人分) ●かぼちゃ／$\frac{1}{4}$個　●ピーマン／8個　●サラダ油／大さじ2〜3
●煮汁{だし汁／カップ$2\frac{1}{2}$　和三盆／大さじ4　しょうゆ／大さじ2　酒／大さじ1}

[作り方] ❶かぼちゃは種を取って食べやすく切る。ピーマンは縦半分に切る(種をつけたまま)。❷鍋にサラダ油を熱して①のかぼちゃをよく炒め、煮汁の材料を加える。❸煮立ったら火を弱め、かぼちゃが少し柔らかくなったらピーマンを加え、落としぶたをして煮汁が少なくなるまで煮つめる。

かぼちゃとピーマンの煮物

にがうりと香味野菜のおかかじょうゆ

にがうりは中の白い膜をていねいに除き、氷水に放すとさわやかな苦みだけが残ります。

[材料](2人分) ●にがうり／1本 ●みょうが／3～4個 ●青じその葉／3枚 ●削り節／4パック ●米酢／大さじ3 ●しょうゆ／大さじ2

[作り方] ❶にがうりは縦半分に切ってさらに3～4㎝幅に切り、内側の白っぽい部分をナイフで削り取ってから薄切りにし、氷水に放す。❷みょうがは縦半分に切って薄切りに、青じその葉はせん切りにしてともに①の氷水に加える。❸削り節と米酢、しょうゆを合わせておく。❹氷水に浸した野菜がパリッとしたら水けをきり、③であえる。

シャキシャキ野菜でからだもシャキッ！

クレソンとりんごのシャキシャキサラダ

りんごは皮の近くに栄養があるので、皮つきで使うと彩りも素敵。レモン汁で色止めして。

[材料](2人分) ●クレソン／1わ　●りんご／1個　●水菜／4〜5本　●レモン(またはライム)汁／1個分　●ラディッシュ／3個　●オリーブ油・塩・こしょう／各適量

[作り方] ❶りんごは皮ごと四つ割りにして芯を除き、薄切りにしてレモン汁をかける。❷クレソンと水菜はざく切りに、ラディッシュは薄切りにして合わせて氷水に放す。❸②がパリッとしたら、水けをきってりんごを加え、オリーブ油と塩、こしょうをふってあえる。

しそ、みょうが、三つ葉、せり、クレソンといった香味野菜はもとより、にがうりや水菜のようにふだんは加熱して食べるような野菜さえ、旬真っ盛りの時期には生で食べてしまいます。ただし、そのどれも氷水に放してから……。するとそのパリパリ、シャキシャキという歯触りがたまりません。

私がなぜか惹かれる味わい

私は幼いときから「このわた」のような酒の肴みたいなものが好きな子でした。変わった子だね、といわれながらも、ねぎ、三つ葉、しそ、みょうがなど香味野菜の、口に含んだときのさわやかな味わいも大好きで、ときどき父の料理のお相伴にあずかったものです。

ですから今でも、香味野菜は料理の味つけや香りのエッセンスとして、料理の表舞台に、裏舞台にと、たびたびうちの食卓に登場します。唐がらし、にんにく、しょうがなどのスパイシーでめりはりのある香り、ゆず、すだち、かぼす、レモンなどのさわやかな酸味 —— これもあれも欠かせません。

たとえば、お刺身やお豆腐などの淡泊な味わいも、香味野菜という脇役がいなければどこか味気ない。脇役がいてこそ主役もひき立つというもの。

香味野菜の栄養学では、お刺身のつまのしそやわさびには、殺菌や防腐作用があるから食中毒を予防するとか、しょうがには発汗作用があるから風邪にはよいなどと、効能や食べ合わせが書いてあります。でも私は単純に組み合わせてみて、おいしいものはからだにいいというのが持論。

たとえば、いわし料理を作っていて、これはレモンの香りと相性がよさそうだと直感し、レモン汁を数滴絞り入れたら、予想どおり、すごくおいしい。これは私の発見かしらなどとちょっと気をよくしていたら、レモンとの相乗効果で、カルシウムの吸収率がぐんとよくなることをあとで知ったりする。ああ、おいしいという感覚は、理にかなっていることを告げてくれているのだ、と自信をもちました。

料理って基本はその人の感性。いろいろな食材の組み合わせで無限の「おいしい」が広がる楽しい世界なのだと思います。

ベトナム料理はまさにアジアの健康食

ベジタリアンの友人のために考えた、野菜だけのめん。えびそばがポイント。

[材料](2人分) ●えびそば/3玉　●カリフラワー/¼株　●玉ねぎ/½個　●さやいんげん/100g　●絹さや/40g　●香菜/2〜3株　●にんにくのみじん切り/1かけ分　●ナンプラー/大さじ2〜3　●塩・こしょう/各適量　●ごま油(またはサラダ油)/大さじ2〜3

[作り方] ❶えびそばは熱湯でゆでてほぐし、すぐに水洗いして水きりし、軽く塩、こしょうし、ごま油少々(分量外)をまぶす。❷カリフラワーは小房に分けて薄切りにする。❸玉ねぎはスライスする。❹さやいんげんは斜め切りに、絹さやは筋を取る。❺中華鍋にごま油を入れてにんにくを弱火で炒め、香りが立ったら②のカリフラワーと④を加えて強火で炒め合わせ、ナンプラーとこしょう少々をふる。❻最後に香菜のざく切りと③の玉ねぎ、①のめんを加えてあえる。

ベトナム風あえそば

最近の我が家のテーブルには、ベトナム現地では食べられない「うちのベトナム料理」が登場します。おいしい生野菜の食べ方はなんといってもベトナム料理が抜群。そのエッセンスだけを生かした私のベトナム料理。これはまさにアジアの健康食といえるでしょう。

我が家の生春巻きは、いろいろな野菜を包んで楽しんでいます。

[材料](2人分) ●生春巻きの皮(直径15～16cm)／10枚(または直径22～23cm／5枚) ●具{キャベツ／3～4枚 にんじん／1/3本 クレソン／1わ 香菜／2株} ●たれ{ナンプラー・レモン汁・砂糖・水／各大さじ2 にんにく／1～2かけ 赤唐がらし／2本}

[作り方] ❶生春巻きの皮は大きいものは半分に切り、霧を吹くかぬるま湯にくぐらせて、もどす。❷キャベツとにんじんはせん切りに、クレソンは葉をつまみ、香菜はざく切りにする。❸たれ用のにんにくと赤唐がらしはみじん切りにして残りの材料と混ぜ、たれを作る。❹生春巻きに②の野菜を等分にのせて巻き、③のたれをつけて食べる。

野菜だけの生春巻き

揚げあじのベトナム風サラダ

ベトナム料理は、魚も肉料理も野菜がおいしく、たくさん食べられるのがいい。

[材料](2人分) ●あじの三枚おろし／2尾分　●小麦粉／少々　●揚げ油／適量　●ナンプラー／大さじ2　●おろししょうが／1かけ分　●トマト／2個　●紫玉ねぎ／½個　●青唐がらし／2～3本　●青じそ／適量　●香菜／1株　●レモン汁／1個分

[作り方] ❶あじは軽く小麦粉をまぶしてカリカリに揚げ、ナンプラーをふっておろししょうがをまぶし、食べやすくほぐす。❷トマトは輪切りに、紫玉ねぎは薄切りにして氷水でもみ洗いし、水けを絞る。青唐がらしは種を取って小口切りに、青じそは手でちぎり、香菜はざく切りにする。❸①のあじと②の野菜を混ぜ合わせ、食べるときにレモン汁をかける。

もやしと豚肉の卵巻き

肉と野菜たっぷりの卵巻きをさらに葉で包んで食べる。エスニックはやっぱりバランス食。

[材料]（2人分）●卵2個　●豚薄切り肉／70g　●もやし／½袋　●玉ねぎ／½個　●塩・こしょう／各少々　●サラダ油／適量　●たれ｛にんにくのみじん切り／1かけ分　赤唐がらしのみじん切り／2本分　酢・砂糖・水・ナンプラー／各大さじ2｝　●サニーレタス／1個　●香菜／1株

[作り方]❶豚肉は一口大に切り、玉ねぎは薄切りにする。❷鍋にサラダ油大さじ1を熱して豚肉を炒め、玉ねぎを加えて塩、こしょうをふる。❸卵は割りほぐし、中華鍋にサラダ油を多めに熱して広げるように流す。❹③に②ともやしを加えてふたをし、弱火で3〜4分蒸す。❺④の卵を持ち上げて鍋底にサラダ油大さじ1を流し、卵をパリパリに焼いて具を巻き込みながら返して器にとる。❻サニーレタスと香菜を添え、たれの材料を混ぜ合わせて添える。❼サニーレタスに⑤と香菜をのせて包み、たれをつけて食べる。

野菜をたっぷり食べたいときの肉料理と魚料理

おいしい肉の焼き汁をソースにして、野菜をたっぷり食べましょう。

[材料]（２人分）●牛肉（焼き肉用）／150ｇ　●Ａ｛塩・こしょう／各少々　カレー粉／大さじ1　おろしにんにく／1かけ分　オリーブ油またはごま油かサラダ油／大さじ２｝　●トマト／２個　●紫玉ねぎ／⅓個　●レタス／４枚　●なす／２個　●オリーブ油／大さじ３　●酢・しょうゆ／各大さじ２

[作り方] ❶牛肉はＡを順にまぶして下味をつけておく。❷トマトは1cm厚さに切り、紫玉ねぎはスライスして水に放し、水きりする。レタスは食べやすくちぎり、すべて合わせて器に盛る。❸なすは縦六つ割りにし、フライパンにオリーブ油を熱して焼き、②の上にのせる。❹③のフライパンに①の牛肉を入れて色よく焼き、なすの上にのせる。❺④の焼き汁の残ったフライパンに酢、しょうゆを入れて煮立て、④にジャッとかける。

焼き肉と野菜のホットドレッシング

私は自他ともに認める野菜好きですから、野菜をよりおいしく、たっぷり食べるために、よく肉や魚の力を借ります。肉や魚のつけ合わせとして野菜を添えるというのと逆の発想です。すると、香味野菜を添えて野菜だけですっきり食べるのとはまた違った力強いおいしさが楽しめます。

ポルトガルにはいわしの塩焼きを専門に食べさせる店があります。その店の味をヒントに。

[材料](２人分) ●いわし／３〜４尾　●トマト／２〜３個　●イタリアンパセリ・オリーブ油／各適量　●A｛にんにくのみじん切り／１かけ分　レモン汁／大½個分　オリーブ油／大さじ２〜３　塩・こしょう／各適量｝

[作り方] ❶いわしは塩をふって、オリーブ油でこんがりと焼き、粗く身をほぐす。❷トマトはくし形切りに、イタリアンパセリはざく切りにする。❸ボウルにAの材料を合わせ、①と②を加えてあえる。

いわしの塩焼きと野菜のサラダ

ふつうは魚料理には白ワインと思いがち。が、ポルトガルの
いわしの塩焼き屋さんでの出来事。
魚料理の専門店のはずなのに、どのテーブルにも
赤ワインの姿しか見えません。
脂の乗ったいわしがこんがりと焼けて
これが赤ワインにとてもよく合うのです。

ポルトガルのいわし屋さんの話をもうひとつ。いわしの
塩焼きと赤ワインに必ず添えられて出てくるのがじゃが芋。
このゆでじゃが芋がとても印象的でした。
それはまるで日本のご飯のような存在。
そういえば私もだいぶ以前から、
かぼちゃやお芋をご飯代わりにしていましたっけ。

冷蔵庫の残り野菜は料理のアイディアの宝庫

このスープは野菜を選びません。野菜の種類や分量が変われぱまた違った味が楽しめます。

[材料](2人分) ●野菜 {にんじん・キャベツ・さやいんげん・かぼちゃ・トマト・玉ねぎ・かぶとかぶの葉・セロリとセロリの葉・里芋・じゃが芋など3～5種類／各適量}
●塩／少々　●生クリーム／適量　●スープの素／1～2個

[作り方] ❶それぞれの野菜はざく切りにして鍋に入れ、スープの素と水をひたひたに加えて火にかけ、野菜が柔らかくなるまで煮る。❷①を少しさましてからミキサーでなめらかにし、塩で味をととのえる。❸器に盛り、生クリームをかけて食べる。温めても美味。

残り野菜のクリームスープ

キャベツ、レタス系の葉物の残り、にんじん、玉ねぎ、大根などの切れ端、セロリやかぶの葉……。冷蔵庫の野菜室には、捨てるに捨てられない残り野菜が意外にあるもの。そんな野菜をひとまとめにして「エッ、これが残り野菜の料理！」とだれもが驚くようなおしゃれな味に仕上げるのもまた楽しい。

かき揚げは揚げ方のコツさえつかめば、残り物が簡単にごちそうに。セロリの葉も揚げて。

［材料］（２人分）●野菜｛にんじん・キャベツ・さやいんげん・かぼちゃ・三つ葉・セロリの葉など３～５種類／各適量｝　●衣｛小麦粉・水／各適量｝　●揚げ油／適量　●塩／少々

［作り方］❶野菜は細切り、薄切り、ざく切りにする。❷①の野菜をボウルに入れ、小麦粉と水を加え、野菜どうしがくっつく固さにする。❸揚げ油を中温に熱し、②を箸でつまんで落とす（種がバラバラにならずにくっついていれば、衣の状態がよい）。❹衣の下のほうがカリッとしてきたら、裏返して裏面もカリッと揚げる。油をきって軽く塩をふって食べる。

残り野菜のかき揚げ

これはイタリアで考えたベトナム風のめん料理。炒め野菜をめんに混ぜながら食べます。

[材料]（２人分）●えびそばまたは卵めん／２～３玉　●塩・こしょう／各少々　●ごま油／適量　●野菜｛にんじん・ピーマン・キャベツ・たけのこ・玉ねぎなど３～５種類／各適量｝　●ナンプラー・酢／各適量

[作り方]❶そばは熱湯でゆでてざるにあけ、塩、こしょう、ごま油各少々をふる。❷野菜はそれぞれ細切りにして少量のごま油で炒め、ナンプラーをまぶす。❸そばと野菜の炒め物は別々の器に盛り、そばに適度に野菜を混ぜながら好みの量の酢をふって食べる。

炒め野菜のあえそば

イタリアのオムレツ。水っぽい野菜を避ければなんでもOK。かぼちゃやお芋もおいしい。

[材料](2人分) ●卵/5〜6個 ●野菜{さやいんげん・かぼちゃ・にんじん・玉ねぎ・里芋・キャベツ・ピーマン・じゃが芋など/各適量} ●サラダ油/少々 ●A{パルメザンチーズ/大さじ3〜4 塩・こしょう/各少々 生クリーム(なくても可)/大さじ2〜3}

[作り方] ❶野菜はそれぞれ薄切りまたは細切りにして、サラダ油をひいたフライパン(直径約20cm・オーブンに入れるので、フッ素樹脂加工のものは不可)または耐熱容器に均一に入れる。❷ボウルに卵を溶いてAを混ぜ、①に流し入れて170度のオーブンで30〜40分ほど焼く。中心が固まればでき上がり。

野菜たっぷりのフリッタータ

身近にあって「とりやすいもの」が結局、からだにいちばんです

「おいしいもの」を食べているときは、みんなニコニコしているし、食べ終わったあとも、ほのぼのとした満足感を味わえるでしょう。私は、食べものに対峙するときは、「おいしい」か「おいしくない」かに、徹底的にこだわってほしいと思う。頭の中であれこれ考えるのではなく、真剣に、深く味わって、「おいしい」という感性を大切にしてほしいのです。これを何回も積み重ねていくと「私の好き」が生まれ、「私の幸せ」が広がっていきます。

　食べることは、からだだけでなく、感性や理性も含めて、私をつくること。私を大切にすることではないでしょうか。

「私の好き」は、日本のお米です。そして身近でとれた野菜と魚です。毎日食べても、不思議に思えるほど飽きがこない。「あ、おいしくて幸せ」と思います。だから、近ごろお米の消費量が減っている、野菜嫌いや魚嫌いがふえているなどと聞くと、信じられない思いで、ああ、もったいないと感じます。

　今は世界中の食べ物が、いつでもどこでも簡単に手に入ります。ですから、日本からはるか遠く離れた所でとれたものや、季節外れの高価な野菜や果物を、たまに変化球として楽しむのはいいでしょう。けれど、それが私をつくる食べ物の基本になるかしら。やはり、身近にあって「とりやすいもの」をきちんと食卓にのせることが、私をつくるベースになるのではないかなと考えます。

　いいお米を手に入れて、土鍋で炊き上げたご飯。炊飯器で炊いたものでもおひつに移したご飯を一度よく味わってみてください。このご飯に見合う、味出し程度に肉や魚が入った、野菜たっぷりのおかずがあれば、私にとって、幸せは続きそうです。

味わい深い穀類はからだのベースになる元気のもと

カムカム釜を使って炊いた玄米はもちもちした食感でそれはおいしい。もう病みつきです。

[材料](2～3人分) ●玄米／カップ2　●水／カップ2

[作り方] ❶*カムカム釜に玄米と分量の水を入れて圧力鍋に入れ、カムカム釜の高さの半分まで水を注いでふたをする。❷鍋を強火にかけ、沸騰したらそのまま2～3分加熱し、そのあと火を弱めて50～60分かけて炊く。❸炊けたら10分ほど蒸らし、蒸気を抜いてからふたを開けてほぐす。＊カムカム釜の問い合わせ先――オーサワジャパン㈱☎0492(55)7038

もちもち玄米ご飯

ほっかほかの白いご飯はもちろん、噛めば噛むほど味が出る玄米や雑穀、具のうまみをご飯に移した炊き込みなど、やっぱり「からだにいい」の基本は、ご飯をきちんと食べてエネルギーを燃やすこと。ときに野菜たっぷりのパスタやめん、精白度の低いパンなどで変化をつけた食事も楽しみましょう。

あずきは新豆ならそのまま、古いものなら下ゆでして使用します。ほっとするおいしさです。

[材料](2〜3人分) ●あずき/カップ1　●玄米/カップ2　●水/680ml(あずき用200ml+玄米用480ml)

[作り方] ❶圧力鍋に玄米とあずき、分量の水を入れて火にかけ、沸騰したらそのまま2〜3分加熱し、そのあと火を弱めて20分炊く。❷ご飯が炊けたら、5分ほど蒸らしてから一度蒸気を抜き、再びおもりをかけて20〜30分ほど蒸らす。

玄米の赤飯

ご飯物を生かした献立のヒント

玄米というとお米の一種と考えがちですが、ヨーロッパの考えでは野菜のひとつ。おかず同様、大鉢から取り分けて楽しみます。また、炊き込みご飯や混ぜご飯は、ご飯とおかずを合わせたような一品ですから、添えるおかずは軽いものでいい。ラクチン気分になれます。

p.068
もちもち玄米ご飯
p.032
ひよこ豆と鶏肉の煮込み
p.046
きゅうりとフェンネルの浅漬け風

同じ玄米ご飯でもp.122のように、じゃこやひじきと合わせて和風に食べるのもおいしいし、この例のように洋風献立にして野菜感覚で取り分け式にするとまた別の味わい。

p.087
あさりの炊き込みご飯
p.063
残り野菜のかき揚げ
p.040
ほうれんそうの煮浸し

どれもご飯を炊いている間にできる簡単おかずですが、揚げ物は苦手という人には豆腐のあんかけ(p.101)を。青菜の煮浸しとともに短時間ででき、栄養的にも優秀。

p.095
たいとナッツのエスニックご飯
p.055
野菜だけの生春巻き
p.047
ルバーブの砂糖がけとミントティー

たまに食べたくなるエスニックご飯。たいとナッツのご飯は白米でもいいのですが、玄米もよく合います。ご飯に魚が入るので、生春巻きは野菜だけを巻いたもので。

根菜といりこの炊き込みご飯
エリンギのしょうゆ焼き
豚肉とほうれんそうのしゃぶしゃぶ風

ご飯物を生かした献立

豚肉とほうれんそうのしゃぶしゃぶ風

豚肉もほうれんそうも、長いまま使えば、ボリューム感も満足度も増すようです。

[材料](2人分) ●豚ばら肉(しゃぶしゃぶ用)/150〜200g ●ほうれんそう/1わ ●ゆで汁{水/カップ2　しょうゆ/大さじ2　酒/大さじ1} ●七味唐がらし/少々

[作り方] ❶鍋にゆで汁の材料を入れて煮立て、豚肉を1枚ずつサッとゆでて皿にとる。❷①のゆで汁でほうれんそうもゆでて①の皿に盛り、ゆで汁をかけて七味唐がらしをふる。

エリンギのしょうゆ焼き

エリンギの歯ごたえが好きです。しょうゆを塗ってもう一度焼くのが香ばしい香りの秘訣。

[材料](2人分) ●エリンギ/3本 ●しょうゆ/少々

[作り方] ❶エリンギは食べやすく裂く。❷焼き網を熱して①のエリンギを焼き、しょうゆをはけで塗ってからもう一度こんがりと焼く。

根菜といりこの炊き込みご飯

炊き込みご飯は栄養も味も相乗効果が。いりこ(煮干し)も食べればカルシウム不足解消。

[材料](2〜3人分) ●米/カップ2 ●いりこ/10尾 ●にんじん/½本 ●ごぼう/小1本 ●酒/大さじ1 ●しょうゆ/小さじ1½ ●塩/少々

[作り方] ❶米は炊く30〜60分前に洗っておく。いりこは頭とはらわたを取って縦に裂き、中骨を取って、分量の水につけておく。❷にんじんとごぼうは細切りにして、ごぼうは酢水(材料外)に5分ほど放して、さっと水洗いする。❸①のいりこのつけ汁と酒、しょうゆを合わせて2カップ分にして米とともに炊飯器に入れ、①のいりこ、②の根菜、塩を加えて炊く。

野菜たっぷりのパスタ

パスタによく煮た野菜ソースをからめるだけ。パスタは直径1.9㎜前後の太めのものを。

[材料](2人分) ●スパゲッティ／180g　●野菜{ズッキーニ／細いもの1本　にんじん／½本　玉ねぎ／¼個　トマト／½個　さやいんげん／10本　黄ピーマン／大1個}
●にんにく／1かけ　●パルメザンチーズ／カップ½　●オリーブ油／大さじ4　●塩・こしょう／各適量

[作り方] ❶野菜類はそれぞれざく切りにする。❷鍋にオリーブ油とつぶしたにんにくを入れて軽く炒め、①の野菜を加えて軽く塩をふり、ふたをして弱火で20分ほど蒸し煮にする。❸鍋に水3～4ℓを沸かして塩(大さじ2～2⅔)を加え、スパゲッティを入れてアルデンテにゆでておく。❹②の野菜が柔らかくなったら、軽く塩、こしょうをふってパルメザンチーズを加え、③のゆで上がったスパゲッティにからめる。

鶏レバーと青菜のかた焼きそば

レバーの中では鶏レバーがクセが少なく、下味次第で驚きのおいしさ。今回は中華風に。

[材料](2人分) ●卵めん／2玉 ●鶏レバー／100g ●A {おろしにんにく／2かけ分 しょうゆ／大さじ1 粗びき黒こしょう／多め} ●ほうれんそう／1わ ●にんにく／2かけ ●ごま油／適量 ●塩・こしょう／各少々 ●B {しょうゆ／大さじ1強 豆板醤・オイスターソース／各小さじ1} ●酢／少々

[作り方] ❶卵めんは熱湯で軽くゆでて水けをよくきり、軽く塩、こしょうをふる。❷中華鍋にごま油を流れるくらい入れて熱し、①のめんを形を丸く整えながら入れて中火弱で両面がカリカリになるまでまとめながら焼き、器にとる。❸鶏レバーは切って流水に10分ほどつける。水けをペーパータオルでふき取り、Aをからめておく。❹ほうれんそうはざく切りにする。にんにくはたたきつぶす。❺中華鍋にごま油少々を熱してほうれんそうを炒め、ざるにとって水きりする。❻⑤の鍋に再びごま油大さじ2を熱して④のにんにくを炒め、③のレバーを加えてこんがりと焼き、Bの調味料をからめる。❼⑥に⑤のほうれんそうを混ぜて②のめんの上にのせ、食べるときに酢をかける。

ガーリックトーストとゆで野菜

卓上で各自が調味するイタリアの食事スタイル。かぶはゆですぎないようにするのがコツ。

[材料](２人分) ●ガーリックトースト {フランスパン／½本　にんにく／1かけ　オリーブ油・バジル(乾燥品)／各適量} ●野菜 {かぶ／２〜３個　グリーンアスパラガス／５〜６本　セロリ・青ねぎ／各1本} ●オリーブ油・塩／各適量

[作り方] ❶フランスパンは縦に細長く切って220〜230度のオーブンで４〜５分焼き、熱いうちににんにくを半分に切った切り口をこすりつけて香りを移し、オリーブ油を回しかけ、バジルをふる。❷かぶは皮をむき、グリーンアスパラ、セロリ、青ねぎは大きめに切って一緒にゆで、熱いうちにオリーブ油をかけ、塩をふる。

かきとアボカドのサンドイッチ

かきフライのサンドイッチを私流にアレンジ。レモン汁とタバスコであっさりと。

[材料](2人分) ●グラハムブレッド／4枚　●かき／6〜8個　●塩／適量　●にんにくの薄切り／1かけ分　●オリーブ油／適量　●ルッコラ／7〜8本　●アボカド／1個　●チャイブ(なくても可)／少々　●レモン汁／½個分　●タバスコ／少々

[作り方] ❶かきはざるに入れて塩をたっぷりとふり、ざるをゆすってぬめりを出し、流水で洗う。❷①のかきを蒸し器に入れてふっくらするまで3〜4分蒸し、ペーパータオルにとって水けをきる。❸オリーブ油大さじ3を熱してにんにくと②のかきをこんがりと焼く。❹アボカドは皮と種を除いて5㎜厚さに切り、レモン汁をふる。❺グラハムブレッドはトーストして熱いうちにオリーブ油少々をかけ、ルッコラとアボカドをのせ、その上に③のかきとにんにく、チャイブをのせる。❻食べるときに好みでタバスコか粗びきこしょうをふり、トーストしたもう1枚のグラハムブレッドをかぶせる。

理にかなったマクロバイオテックスの食事法

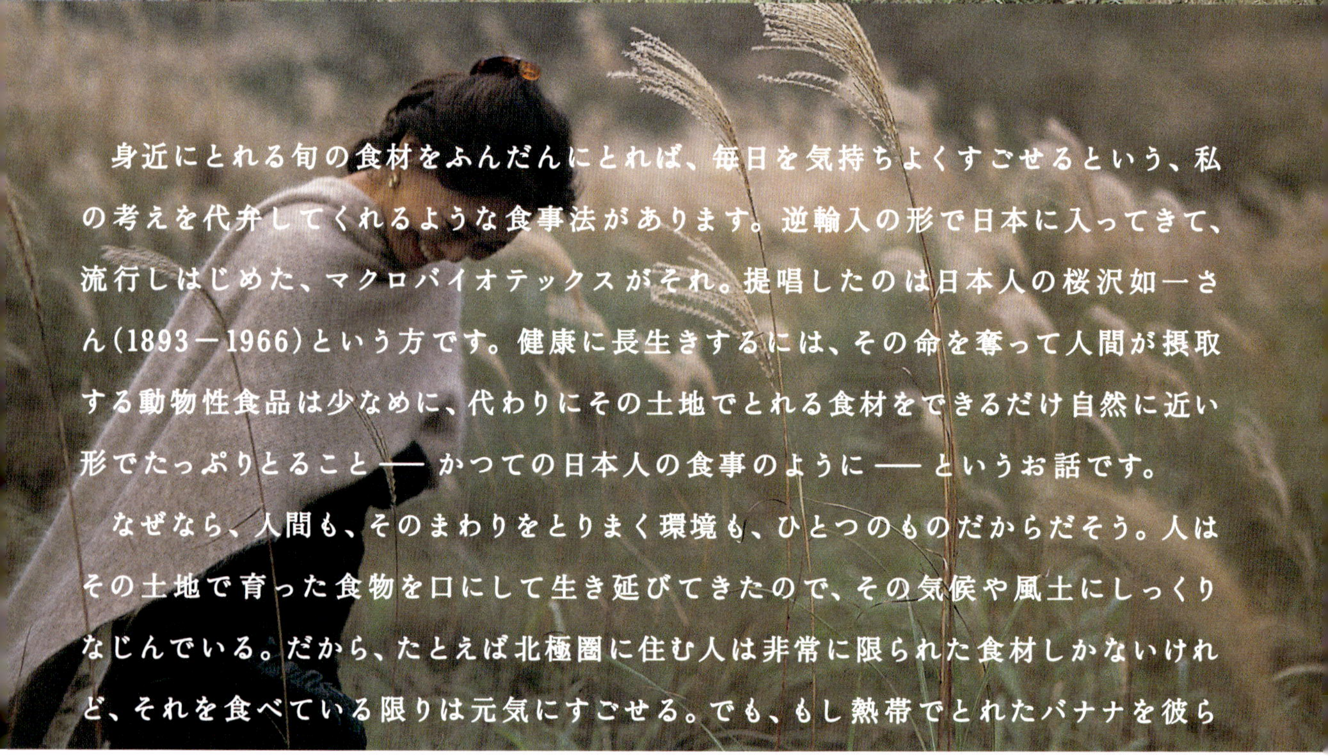

身近にとれる旬の食材をふんだんにとれば、毎日を気持ちよくすごせるという、私の考えを代弁してくれるような食事法があります。逆輸入の形で日本に入ってきて、流行しはじめた、マクロバイオテックスがそれ。提唱したのは日本人の桜沢如一さん(1893－1966)という方です。健康に長生きするには、その命を奪って人間が摂取する動物性食品は少なめに、代わりにその土地でとれる食材をできるだけ自然に近い形でたっぷりとること――かつての日本人の食事のように――というお話です。

なぜなら、人間も、そのまわりをとりまく環境も、ひとつのものだからだそう。人はその土地で育った食物を口にして生き延びてきたので、その気候や風土にしっくりなじんでいる。だから、たとえば北極圏に住む人は非常に限られた食材しかないけれど、それを食べている限りは元気にすごせる。でも、もし熱帯でとれたバナナを彼ら

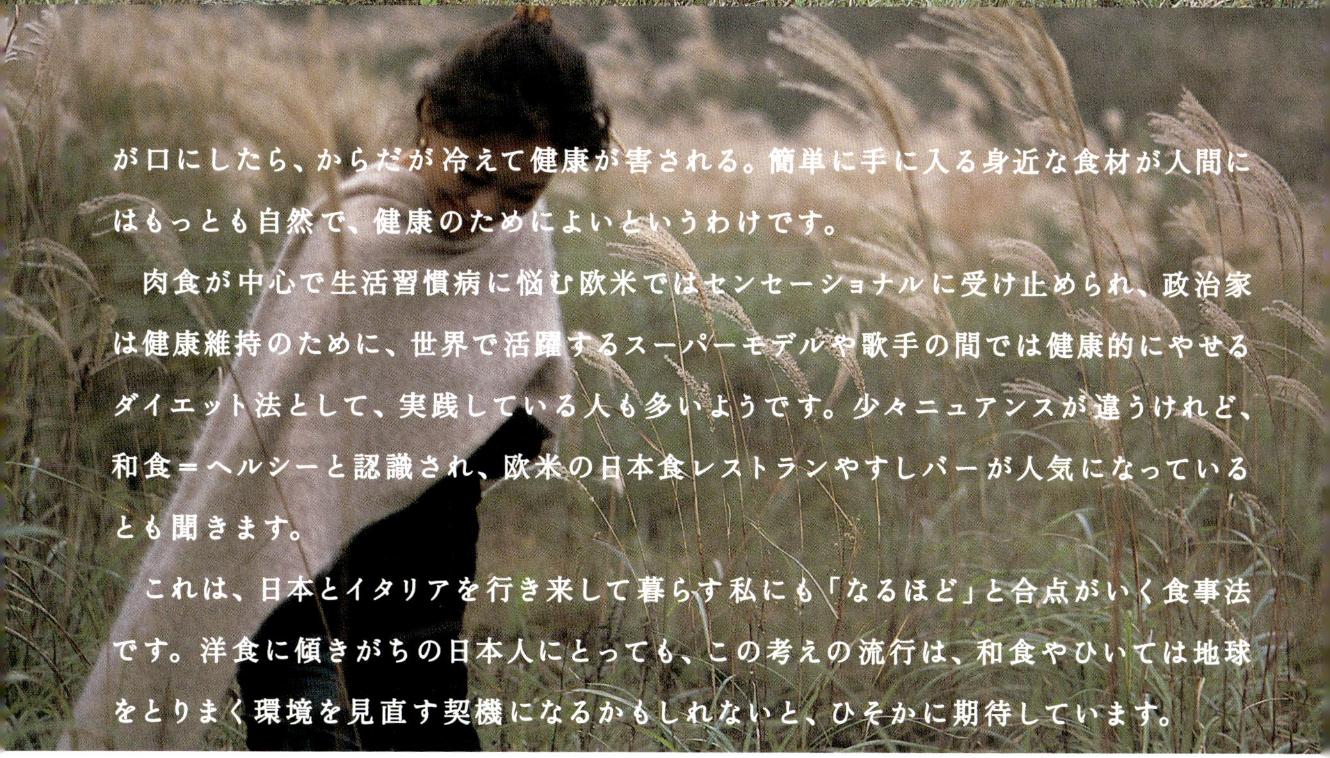

が口にしたら、からだが冷えて健康が害される。簡単に手に入る身近な食材が人間にはもっとも自然で、健康のためによいというわけです。

　肉食が中心で生活習慣病に悩む欧米ではセンセーショナルに受け止められ、政治家は健康維持のために、世界で活躍するスーパーモデルや歌手の間では健康的にやせるダイエット法として、実践している人も多いようです。少々ニュアンスが違うけれど、和食＝ヘルシーと認識され、欧米の日本食レストランやすしバーが人気になっているとも聞きます。

　これは、日本とイタリアを行き来して暮らす私にも「なるほど」と合点がいく食事法です。洋食に傾きがちの日本人にとっても、この考えの流行は、和食やひいては地球をとりまく環境を見直す契機になるかもしれないと、ひそかに期待しています。

魚はどちらかというと青背の魚が好き

新鮮なあじで作るのが鉄則です。しめ加減はお好みで。

[材料](2人分) ●あじ／2尾 ●塩・米酢／各適量 ●大根／200〜250g ●ゆずの皮のせん切り／小1個分 ●ゆずの絞り汁／小1個分

[作り方] ❶あじは三枚におろしてバットの網にのせ、塩をきつめにふって20分ほどおく。❷①の塩をざっと洗い流し、ひたひたの米酢に15〜20分浸してから皮と中骨を取り、そぎ切りにする。❸大根は2㎜厚さのいちょう切りまたは半月切りにして塩もみし、水けを絞る。❹ゆずの皮と②のあじ、③の大根を合わせ、ゆずの絞り汁をかけてあえる。

酢じめあじと大根のゆず風味

マクロバイオテックスの食事法では、魚は近海でしかも海の上のほうを泳いでいる青背の魚や海辺の貝類がとりやすいので、それを多く食べるのが自然なことと提唱しています。私も日常いただくなら青背の魚。まぐろやたいなどはたまにいただくくらいがちょうどよいのです。

三枚におろしたさばを長いまま焼くと切る手間が省けるうえ、おいしさも逃げません。

[材料](2～4人分)●さば/1尾　●玉ねぎ/1個　●ローリエ/10枚　●カレー粉/大さじ2　●オリーブ油/大さじ5～6　●塩/適量

[作り方]❶さばは三枚におろして塩をきつめにふり、30分ほど冷蔵庫に入れておく。❷①のさばの水けをふき取って皮目に切り込みを数本入れ、カレー粉をふって切り目にローリエを差し込む。❸玉ねぎは四つ割りにする。❹天板に②のさばと③の玉ねぎを並べてオリーブ油をかけ、210～220度のオーブンで15分ほど焼く。

さば一尾のカレー風味焼き

いわしは青背の魚の中でもいちばん好き。安くておいしいの代表選手です。

[材料](2人分) ●いわし/6尾 ●昆布(日高昆布)/20cm ●塩/少々 ●酒/カップ$\frac{2}{3}$ ●薬味{大根おろし・あさつき・*かんずり/各適量} ●ポン酢しょうゆ/適量

[作り方] ❶いわしは頭とはらわたを取ってよく水洗いする。昆布は水につけて柔らかくする。❷皿に①の昆布を敷いていわしを並べ、軽く塩をふって酒をかけ、蒸気の上がった蒸し器で10分ほど蒸す。❸蒸し上がったら、それぞれが皿に取って好みで薬味をのせ、ポン酢しょうゆをかけて食べる。＊辛い唐がらしを雪にさらし、塩、麹などを加えて漬け込んだ和風の香辛料。

いわしの酒蒸し

いわしは優秀なカルシウム源。いわしがすっかりつかるほどのオリーブ油で。

[材料](2～3人分) ●いわし／5～6尾　●塩／適量　●ワインビネガー・グリーンペッパー・オリーブ油・レモン(国産)の薄切り／各適量

[作り方] ❶いわしは三枚におろしてバットの網の上にのせ、両面に塩をふって冷蔵庫に20～30分おき、水洗いする。❷①のいわしをバットに入れてワインビネガーをひたひたにかけ、そのまま30分以上漬けてから、皮をひく。❸②を器に盛り、グリーンペッパーとたっぷりのオリーブ油をかけ、レモンの薄切りを添える。

いわしのビネガー漬け

ほどよく塩のまわったさんまと、ほうれんそうの味わいは好相性です。

[材料](2人分) ●さんま／2尾 ●ほうれんそう／1わ ●にんにく／2かけ ●パン粉／カップ½ ●オリーブ油／大さじ4～5 ●塩・こしょう／各少々

[作り方] ❶さんまは三枚におろして軽く塩をふり、冷蔵庫に20分おいてから1枚を二つ～三つに切る。❷ほうれんそうはゆでて水けを絞り、4～5cm長さに切る。にんにくはみじん切りにする。❸②のほうれんそうを直径1.5cmほどの束にして水けを絞り、①のさんまで巻いてようじでとめる。❹③を耐熱皿に並べてこしょうをふり、②のにんにくとパン粉をふってオリーブ油をかけ、200度のオーブンでこんがりとなるまで15～20分焼く。

さんまのにんにくパン粉焼き

和風のたたきもいいけれど、ハーブたっぷりの食べ方も捨てがたい。魚は網焼きにしても。

[材料](2人分) ●かつお(刺身用)／1節 ●にんにく／2かけ ●香草(ディル・チャイブ・イタリアンパセリなど好みのもの)／適量 ●レタス／適量 ●塩・こしょう・オリーブ油・レモン／各適量

[作り方] ❶かつおは軽く塩、こしょうをふり、フライパンにオリーブ油少々を熱して表面だけを焼き、網の上などにとってさます。❷にんにくは薄切りにし、レタスは食べやすくちぎる。❸①のかつおを1cm厚さに切って皿に並べ、にんにくをのせてレタスと香草、レモンを添える。❹食べるときにレモン汁とオリーブ油、塩をかけて。

かつおのたたきイタリアン

貝好きなので、食卓への出番が多いあさりやかき

あさりの酒蒸しもときには気分を変えてしじみで中華風に。あっという間に味がしみます。

[材料](2人分) ●しじみ/350〜400g ●長ねぎ/1本 ●にんにく/2かけ ●赤唐がらし/1本 ●A{紹興酒/カップ½ しょうゆ/カップ¼}

[作り方] ❶長ねぎはぶつ切りにし、にんにくは薄切りにする。赤唐がらしは種を除き、ちぎる。❷耐熱ボウルにしじみと①の長ねぎ、にんにく、赤唐がらし、Aを入れてざっと混ぜる。❸②を蒸気の上がった蒸し器に入れて貝の口が開くまで蒸す。

しじみの紹興酒蒸し

あさりもしじみも、レバー並みの鉄分やビタミンB_{12}の含有量で、貧血に効果絶大とか、肝臓によい成分がいっぱいといわれます。でもそれ以上に、おかずやご飯に加えるとだしがたっぷりと出て、料理をおいしくしてくれるのです。かきも旬の季節を待って、よく我が家の食卓に登場します。

あさりのだし汁で炊いた至福のご飯。炊き上がる直前に身を加えると、とてもジューシィ。

[材料](2人分) ●米/カップ2 ●あさり(殻つき)/500g ●青ねぎ/1〜2本 ●A{酒/大さじ1 しょうゆ/小さじ1½ 塩/少々} ●水/カップ2 ●実ざんしょうの佃煮/適量

[作り方] ❶米は炊く30〜60分前に洗っておく。❷あさりは砂出しして鍋に入れ、分量の水を加えて殻が開くまでゆで、身をはずしてゆで汁はこす。❸青ねぎは小口切りにしてもみ洗いし、水けを絞る。❹①の米に②のゆで汁とAを入れて、足りない分は水を足し、カップ2にして炊き、炊き上がり5〜6分前に②のむき身を戻し入れる。❺炊き上がったら、③のねぎと実ざんしょうを加え、混ぜる。

あさりの炊き込みご飯

生がきのサッと蒸し

生がき感覚で味わう蒸しがきは蒸しすぎ厳禁。かき、おろし、すだちのトリオが不可欠。

[材料](2人分) ●かき(生食用)/8～10個　●塩/適量　●大根/200g　●あさつき/2～3本　●すだち/1個　●しょうゆ・七味唐がらし/各少々

[作り方] ❶かきはざるに入れて塩をたっぷりふってゆすり、ぬめりを出して流水で洗う。❷大根はすりおろして軽く水きりして七味唐がらしを混ぜ、あさつきは小口切りにする。❸①のかきを小皿に盛り、蒸し器で2～3分ほど蒸して、②をのせてすだちの絞り汁としょうゆをかける。

身近なレモンやゆずのほか、ライム、すだち、かぼすなど、
私の料理には柑橘類がよく登場します。
柑橘類にはビタミンCがたっぷり、
しかも調味料（塩分）も控えめですむ。
でもそれ以上に、こうした果汁のすばらしい香りが
なんでもない料理をハッとするおいしさに変える。
そんな魔法の調味料としての効果を、
いく度となく経験しているからなのです。

たまにですが、おいしく味わう肉料理と魚料理といえば……

ステーキのおいしさは厚みが命。高価なら大きさを節約しても、厚さだけは贅沢して。

[材料]（２人分） ●ステーキ用牛肉（３cm厚さのLボーン）／１枚　●生しいたけ／５～６枚　●塩／少々　●レモン（国産）／適量

[作り方] 牛肉と生しいたけは味つけせずに、そのままガス台の魚焼き用グリルで、こんがりと両面焼いて切り分け、レモン汁を絞り、塩をつけて食べる。

ステーキのグリル焼き

いかに野菜好きの私でも、あまり何日も野菜をメインに食べ続けていると、ときにはたっぷりと肉料理が食べたくなります。肉の好みは牛、豚、鶏、ひき肉など種類を問いませんが、まずはシンプルなステーキかしら。魚は青背の魚が好きですが、たまにはまぐろや白身魚なども「おいしいなあ」と思います。

たまの肉ならぜひ地鶏を。白ワインで煮た地鶏のうまみをすっかりからめて、どうぞ。

[材料](2人分) ●鶏もも肉(地鶏が美味)／2枚 ●塩・こしょう／各少々 ●玉ねぎ／小1個 ●にんにく／1かけ ●バター／大さじ3 ●白ワイン／カップ2½ ●A{粒こしょう／小さじ1 クローブ／3本 セージの茎／2本}

[作り方] ❶鶏肉は1枚を四つに切って軽く塩、こしょうをふる。❷玉ねぎはざく切りに、にんにくはたたきつぶす。❸フライパンにバターを溶かして②の玉ねぎとにんにくを炒め、玉ねぎが透き通ってきたら①の鶏肉を加えて炒める。❹③に白ワインを注ぎ、Aを加えて、弱火で25分ほど煮て、鶏肉とクローブ、セージの茎を取り出す。❺残った煮汁をミキサーにかけて鍋に入れ、鶏肉を戻し入れて、とろみがつく程度に煮る。

鶏肉の白ワイン煮

甘辛いしょうゆ味は思い出したように恋しくなります。厚めの肉で作りましょう。

[材料](2人分) ●豚肩ロース肉(3cm厚さ)/1枚 ●サラダ油/少々 ●A{酒・みりん/各カップ⅓ おろしにんにく・おろししょうが/各1かけ分} ●しょうゆ/カップ¼ ●しし唐/10本

[作り方] ❶フライパン(あれば鉄板)にサラダ油を熱して豚肉を入れ、中火弱で15〜20分かけて両面をこんがりと焼き、中まで充分に火を通す。❷①の肉を取り出し、フライパンの焼き汁をふき取ってAの材料を入れて煮立て、アルコール分をとばしてからしょうゆを加える。❸②のたれをとろみがつくまで煮つめ、取り出した肉を再び入れてからめる。❹しし唐は金串に刺して直火で焼き、水にとってから水けを絞って、しょうゆ少々(分量外)をからめる。❺③の肉を1cm厚さに切って汁ごと器に盛り、④のしし唐を添える。

焼き豚肉の甘辛じょうゆ

スパイシーな肉の食べ方。表面をこんがり焼けば中は生でも大丈夫。ぜひ自家製ひき肉で。

[材料](２人分) ●牛ランプ肉／250ｇ　●にんにく／１〜２かけ　●Ａ｛赤唐がらし／１本　タイム(乾燥品)・クミンパウダー／各小さじ½　塩／少々｝ ●粗塩／少々　●レモン(国産)／1個　●ミントの葉／適量

[作り方] ❶牛肉はぶつ切りにする。❷フードプロセッサーでにんにくを細かくし、①の牛肉とＡの材料を加えて粗びき程度に細かくする。❸②を小さくまとめ、焼き網を熱して両面をこんがりと焼く。❹器に盛って粗塩をふり、ミントをのせ、レモンを絞る。

たたき牛肉のレバニーズ風

オリーブ油にわさびじょうゆがことのほかよく合うので、ふつうのまぐろもたれで昇格。

［材料］（2人分）●まぐろ（刺身用）／1さく（200g）　●長ねぎ／1本　●おろしわさび／小さじ1　●オリーブ油／大さじ3　●しょうゆ／大さじ1½

［作り方］❶まぐろは6〜7㎜厚さに切り、長ねぎは斜め薄切りにして冷水につけ、パリッとしたら水けをきる。❷ボウルにおろしわさびとオリーブ油、しょうゆを入れて混ぜ、①のまぐろを加えてあえる。❸②に長ねぎを加えてサッとあえ、器に盛る。

まぐろのオリーブ油じょうゆ

たいとナッツのエスニックご飯

エスニック料理の中でもこれは、一度食べたら病みつきになる、禁断の味です。

[材料](2人分) ●玄米ご飯／ご飯茶碗2杯分 ●たいの切り身／2切れ ●生ピーナッツ／カップ½ ●ナンプラー／大さじ1½ ●*バイマックルー(こぶみかん)の葉／3〜4枚 ●揚げ油・塩／各適量 ＊バイマックルーの葉がないときには香菜でも。

[作り方] ❶揚げ鍋に加熱前の揚げ油と生ピーナッツを入れて火にかけ、混ぜながらこんがりと揚げ、油をきって塩をふる。❷①の油を高温に熱してたいを揚げ、油をきってすぐにナンプラーをまぶしてほぐす。❸玄米ご飯に①のピーナッツと②のたいを混ぜ、バイマックルーの葉を刻んでのせる。

【よく登場するうちのミニおかず①】

揚げじゃこわかめ

揚げじゃことのり、レタス

揚げじゃこを使い回して

揚げじゃこ：[材料] ●ちりめんじゃこ／適量　●揚げ油(ごま油またはサラダ油)／適量
[作り方] 揚げ油を高温に熱してじゃこを入れ、きつね色に揚げて油をきる。

揚げじゃこをベースにしたドレッシングを作っておいても重宝。

[材料]（２人分）●揚げじゃこ／適量　●塩蔵わかめ／50ｇ　●かんずりまたは豆板醤／適量　●たれ｛にんにく・ねぎ／各適量　酢・しょうゆ・ごま油／各小さじ１｝

[作り方]❶わかめは10分ほど水に浸してから熱湯をサッとかけ、冷水にとる。❷①のわかめの水けをきって食べやすく切り、器に盛って揚げじゃことかんずりをのせる。❸にんにくとねぎをみじん切りにして調味料と合わせてたれを作り、②にかけてあえる。

材料さえ用意しておけば食卓上ででき上がる一品です。

[材料]（２人分）●揚げじゃこ／適量　●焼きのり／１枚　●レタス／３～４枚　●ごま油・しょうゆ／各適量

[作り方] ❶レタスをちぎって器に盛り、焼きのりもちぎってのせ、揚げじゃこをかける。❷食べるときにごま油としょうゆをかけてあえる。

揚げじゃこと揚げかぼちゃ

揚げじゃこと蒸しなす

小魚類はよいカルシウム源になるうえ、野菜や海草の味をよりおいしくさせてくれるので好んで使います。
夏場の傷みやすいじゃこを長もちさせる方法としても揚げじゃこはおすすめ。

じゃこやにんにくを加えたかぼちゃ料理は男性陣にも好評。

[材料](2人分) ●揚げじゃこ／適量 ●かぼちゃ／300g ●にんにくの薄切り／1かけ分 ●揚げ油／適量 ●塩・*カイエンペッパー／各少々

[作り方] ❶かぼちゃは1cm厚さに切ってにんにくと一緒に油で揚げる。❷①を器に盛って揚げじゃこをかけ、軽く塩をふり、好みでカイエンペッパーをふって辛みをつける。

＊数種類の辛い唐がらしをミックスして粉にしたもの。

さっぱり味の蒸しなすにしっかりコクと栄養が加わって。

[材料](2人分) ●揚げじゃこ／適量 ●なす／2個 ●たれ{酢・しょうゆ・ごま油／各適量} ●おろししょうが／適量 ●香菜／少々

[作り方] ❶なすはへたを落として六つ割りにし、みょうばん(材料外)水につけてから、蒸気の上がった蒸し器で蒸す。❷①のなすを軽く絞って器に盛り、揚げじゃこをのせる。❸たれの材料を混ぜ合わせて②にふり、おろししょうがをのせて、好みで香菜を添える。

【よく登場するうちのミニおかず②】

桜えびとねぎの炒め物

桜えびとせん切り大根の炒め物

小魚や海草は炒め物にして手軽に

長ねぎさえあれば、常備の桜えびとごまで酒の肴にもなる一品に。

[材料]（2人分）●桜えび／30g　●長ねぎ／1本　●ごま油／大さじ1 1/2　●塩／適量　●黒ごま／大さじ1

[作り方] ❶長ねぎは4～5cm長さに切り、四～六つ割りにする。❷フライパンにごま油を熱して桜えびを炒め、①の長ねぎを加えて強火で炒め合わせ、塩をふって黒ごまを混ぜる。

大根の皮は少し厚めにむき、炒めるとパリパリしておいしい。

[材料]（2人分）●桜えび／30g　●大根の皮／大根10cm分　●塩／適量　●ごま油／大さじ1 1/2　●香菜／1株　●こしょう／少々

[作り方] ❶大根の皮は5cm長さに切って縦せん切りにし、塩もみして絞る。香菜はざく切りにする。❷フライパンにごま油を熱して桜えびと①の大根の皮を強火で炒め、3～4分炒めてカリッとしてきたら、香菜を加えてこしょうをふる。

ひじきとピーマンの炒め物

わかめと卵のおかか炒め

桜えびはかき揚げに、ひじきは煮物に、わかめは酢の物やみそ汁に、といった固定観念を捨てて、とりあえず炒め物に使ってみましょう。きっと、もっと気軽に使えて、食卓に登場する回数も増えますよ。

ひじきのカルシウムとピーマンのビタミンのおいしい出会い。

[材料](2人分) ●ひじき(もどしたもの)／カップ1 ●ピーマン／2個 ●ごま油／大さじ2 ●みりん・酒・しょうゆ／各大さじ1 ●いりごま(金ごま)／適量

[作り方] ❶ピーマンは細切りにする。❷フライパンにごま油を熱して①のピーマンとひじきを強火でよく炒める。❸みりん、酒、しょうゆを加えて弱火で炒め、汁けがなくなったらいりごまをふる。

もう一品欲しいとき、あっという間にできるご飯に合うおかず。

[材料](2人分) ●塩蔵わかめ／50g ●溶き卵／2個分 ●にんにくのみじん切り／1かけ分 ●削り節／1パック ●しょうゆ／小さじ2 ●ごま油(またはサラダ油)／適量

[作り方] ❶わかめは水に10分ほど浸してから熱湯をサッとかけて冷水にとり、水けをきって食べやすく切る。❷フライパンにごま油大さじ2〜3を熱し、溶き卵を加えてふわっと焼けたら取り出す。❸ごま油少々を補い、にんにくを香りよく炒め、わかめを入れて、軽く炒める。ここにしょうゆを回しかけ、削り節を入れる。❹②の卵を戻し、全体をさっと混ぜる。

昆布入り炊き込みご飯

だし昆布と野菜のサラダ

だしをとった昆布と身近な豆腐でおいしく

だしをとったあとの昆布をもう一度ご飯に戻します。

[材料](4人分) ●昆布/15cm分 ●米/カップ3 ●にんじん/小1本 ●油揚げ/1枚 ●しめじ/1パック ●水/カップ3●酒/大さじ2 ●しょうゆ/小さじ1 ●塩/小さじ⅔

[作り方] ❶米は炊く30〜60分前に洗ってざるにあげておく。❷にんじんは2〜3cm長さの縦せん切りに、油揚げは油抜きして細切りにする。しめじは小房に分ける。❸炊飯器に米と分量の水、調味料を入れて混ぜたら上に昆布をのせ、その上に②の材料をのせて炊く。❹炊き上がったら昆布を取り出して細切りにし、炊飯器に戻し入れて混ぜ合わせる。

だしをとったあとの昆布もまだまだ捨てられません。

[材料](2人分) ●だしをとった昆布/10cm分 ●セロリ/1本 ●紫玉ねぎ/¼個 ●ズッキーニまたはきゅうりの皮/少々 ●赤唐がらし/1本 ●ごま油・しょうゆ・酢/各小さじ2〜3

[作り方] ❶昆布は幅を三等分に切ってから細切りにする。❷セロリ、ズッキーニの皮はせん切り、紫玉ねぎは縦薄切りにする。赤唐がらしは種を取って細切りにする。❸①と②の材料を合わせてごま油としょうゆ、酢であえる。

ねぎやっこ

豆腐のあんかけ

日本で最も昆布を食べている沖縄は、全国でも有名な長寿県。うちではだしをとった昆布もおいしく料理に活用しています。また、豆腐もヘルシーなうえに、いろいろな料理に使い回しがきく優れものです。

シンプルな豆腐がねぎやごま油の香りで一段とおいしく。

[材料](2～4人分) ●豆腐／2丁　●ねぎ／1本　●粉ざんしょう・ごま油・しょうゆ／各少々

[作り方] ❶豆腐は軽く水きりして食べやすく切る。ねぎはできるだけ細く切る。❷器に豆腐を盛ってねぎをのせ、粉ざんしょうをふってごま油としょうゆをかける。

寒い季節はしょうがの香りの熱々のお豆腐がおいしい。

[材料](2～4人分) ●豆腐／2丁　●だし汁(いりこまたはかつお節)／カップ2　●酒／小さじ1　●塩／小さじ$\frac{2}{3}$　●しょうゆ／少々　●片栗粉／大さじ1$\frac{1}{2}$　●おろししょうが／適量

[作り方] ❶豆腐は1.5cm厚さに切って斜め半分に切り、三角にする。❷鍋にだし汁と酒、塩、しょうゆを入れて煮立て、片栗粉を倍量の水(材料外)で溶いて回し入れる。❸②の鍋に①の豆腐を入れて軽く温め、器に盛っておろししょうがを添える。

理想的な食のバランスを提唱する地中海式ダイエット

地中海に面した南イタリアに住む人々は、よく働いて、よく食べて、とことん遊びます。お酒も飲めば、タバコもスパスパ、夜更かしも当たり前なのに、信じられないくらい元気。とにかく陽気で、おなかの底から出る笑い声があちこちの家や店の窓辺から聞こえてきます。

先日、南イタリアで乗り合わせたタクシーの運転手さんは75歳。十数人もいる孫自慢が楽しみということで、聞いている私まで楽しくなってしまうほどでした。でも、夜も遅かったので、私のほうが気をつかって「お疲れでしょう?」と声をかけたら、「そんなに気をつかわなくても大丈夫、ワシは元気だ。睡眠時間は4時間もあればバッチリだね」とすごい勢いで叱られてしまいました。年をとっても元気で働いているということが、彼のもうひとつの自慢だったのです。彼の奥さんも70歳をすぎて今なお、近くのホテルのレストランで料理人をしているとか。そして彼の健康の秘訣はもちろん、毎日、奥さんの手料理を食べているから、ということでした。

この地中海沿岸地方では、穀類や芋類を中心に、オリーブ油をふりかけた野菜や豆類を毎日どっさり、そして新鮮な魚介を多く食べています。魚や鶏、卵などの動物性食品は週に数回、牛や豚などの獣肉類はごくまれにという、まさにイタリア版粗食という食生活を送っているのです。調べてみると、心臓病や動脈硬化にかかる人が極端に少ないというので、地中海式ダイエットとして有名になりました。

ところで、ダイエットというと、やせる食べ方と思っていませんか? ところが、ダイエットの正しい訳は、きちんとした食事。正しい食事を続ければ、結果的に健康的に体重の維持ができるということなのです。

日本でも、地中海式ダイエットを試している人がいるでしょう。でも、日本にも世界に誇れる立派なダイエット法があります。それが和食。効果の上がるダイエット法は、基本的には伝統的な日本人の食生活と実はよく似ていたのです。ヘルシーのお手本は意外に近くにあることを忘れないでください。

穀類と野菜がベースのイタリアの粗食

イタリアでは豆は煮込み、サラダ、スープはもちろん、ペーストにしてとることも多い。

[材料](2人分) ●干したそら豆(皮をむいた乾燥品、なければひよこ豆でも可)/カップ1 ●苦み野菜(チコリ、クレソンなど)/1わ ●塩/適量 ●オリーブ油/適量

[作り方] ❶干したそら豆は一晩水に浸してから柔らかくゆで、水けをきってフードプロセッサーに入れ、塩を加えてピューレ状にする。❷苦み野菜はサッとゆでて水けを絞る。❸器に①と②を盛って塩をふり、オリーブ油をかけて食べる。

苦み野菜と豆ペースト

日本ではイタリア料理というと変化に富んだ各地方のものが紹介されていますが、多くの地域（とくに南のほう）では、パスタかパンの粉料理と野菜が主体の粗食です。これに自家製のオリーブ油やワインを添えるだけ。でも、どれも自分たちの土地でとれたごくフレッシュなものばかりなので、充分ごちそうなのです。

イタリアの家庭料理はとてもシンプル。ズッキーニとミントの出会いが新鮮です。

[材料]（2人分）●ズッキーニ／2本　●オリーブ油／大さじ3　●塩／少々　●ミントの葉／少々

[作り方] ❶ズッキーニは1cm厚さの輪切りにする。❷フライパンにオリーブ油を熱して①のズッキーニの両面を焼く。器に盛り、軽く塩とオリーブ油をふって、ミントを飾る。

ズッキーニのオリーブ油焼き

イタリアの器といえばまずはリチャード・ジノリでしょう。
私が愛用しているジノリはシンプルな無地。
ホテル仕様の白い器です。
その洗練されたフォルムの美しさや
使いやすさはさすがというべき。
中でもこの形は出番の多い器です。

私の住むウンブリアの小さな城壁都市には、
オリーブの木だけで作られたキッチン用品専門店があって、
一度中に入ると、なかなか立ち去り難いほどの楽しさ。
とくにオリーブの木のまな板はいちばんのお気に入り。
木目の入り具合が素敵で食卓でも使えるうえ、
堅くて傷がつきにくく、オリーブ油でふくとツヤも戻ります。

イタリアンの献立のヒント

イタリアの家庭では、リストランテのようにアンティパスト(前菜)、プリモピアット(パスタやスープ)、セコンドピアット(肉や魚のメイン料理)、コントルノ(野菜料理)とコース仕立てで食べているわけではありません。ふだんは穀類と豆や野菜が中心の、素朴な献立です。

p.076
ガーリックトーストとゆで野菜

p.015
にんじんだけのスープ

p.104
苦み野菜と豆ペースト

穀類や豆、野菜が中心のメニューですが、鮮度の高い野菜や上質のオリーブ油を使えばゴージャスな気分。味も甘み、苦み、辛みと変化に富んでいて飽きさせません。

p.083
いわしのビネガー漬け

p.074
野菜たっぷりのパスタ

p.105
ズッキーニのオリーブ油焼き

イタリアでも内陸部は肉が美味ですが、地中海やアドリア海に面した地方ではやっぱり魚。いわしもいろいろに調理され、前菜に主菜にと登場。パスタとも好相性です。

p.036
ドライトマトのブルスケッタ

p.085
かつおのたたきイタリアン

p.043
ルッコラのサッと炒め

ブルスケッタは前菜やおつまみと、イタリアではたいへんポピュラーな料理。これに魚、野菜と続くとやっぱり欠かせないのはワイン。さて今日はどれを開けますか。

ピーマンときのこの蒸し煮
いちじくとルッコラのサラダ
白いんげん豆のパスタ

イタリアンの献立

白いんげん豆のパスタ

用途の広い白いんげん豆は一晩水につけ、たっぷりの新しい水でゆで、ゆで汁ごと保存を。

[材料](2人分) ●ショートパスタ(カバタッピ)／120g ●白いんげん豆(ゆでたもの)／カップ1½ ●いんげん豆のゆで汁／カップ½〜⅔ ●玉ねぎのみじん切り／¼個分 ●オリーブ油／大さじ4〜5 ●ローズマリー／1本 ●塩／適量

[作り方] ❶鍋に湯2ℓを沸かして塩大さじ1⅓を加え、パスタを入れてアルデンテにゆでる。❷フライパンにオリーブ油を熱して玉ねぎを入れ、透き通るまで炒める。❸②に白いんげん豆と豆のゆで汁を加えてふたをし、豆が煮くずれるくらい柔らかく煮る。❹③に軽く塩をふり、①のパスタと適当に切ったローズマリーを加えてあえる。

いちじくとルッコラのサラダ

生ハムといちじくまたはメロンはイタリアを代表する前菜。果物もよく食卓に登場。

[材料](2人分) ●いちじく／3〜4個 ●ルッコラ／適量 ●レモン汁・オリーブ油／各適量 ●塩・こしょう／各少々

[作り方] ❶いちじくは薄皮をむいてレモン汁をふる。❷器に①のいちじくとルッコラを盛り、食べるときに塩、こしょうとオリーブ油をふってあえる。

ピーマンときのこの蒸し煮

ピーマンにきのこのうまみを移すようにじっくり蒸し煮すると自然の甘みが引き出されて。

[材料](2人分) ●赤ピーマン・黄ピーマン／各1個 ●プチトマト／5〜6個 ●本しめじ／1パック ●えのきだけ／1袋 ●にんにく／1〜2かけ ●オリーブ油／大さじ4 ●塩・こしょう／各少々

[作り方] ❶ピーマンは種を取って1〜2cm幅に切る。本しめじとえのきは根元を切ってほぐす。❷鍋にオリーブ油とつぶしたにんにくを入れて熱し、にんにくの香りを出す。ここで①のピーマンときのこを軽く炒め、塩をふってプチトマトを加え、ふたをして弱火で20〜30分くらい蒸し煮する。❸仕上げに塩、こしょうをふる。

自分なりの食事スタイルを見つけて楽しみましょう

朝に弱い私の朝食メニューは、たっぷりのバターと季節の手作りジャムをのせたトーストから始まります。これでしっかり血糖値を上げ、それに野菜とフルーツで作った食べるジュースが定番です。一口ほおばるごとに、たがの緩んだ脳細胞も目覚めて「今日も元気で楽しくいきましょう」と新しい一日のスタートが切れます。とにかく働くときには働いて、休むときにはしっかり休みたい。で、立っているときは目まぐるしく動く。だからお昼になるととってもおなかがすきます。

小柄な私のどこにそんな大きな胃袋があるの？ と聞かれることもありますが、一日の中では、昼食をいちばんしっかりとります。といっても、宝物さがしのように冷蔵庫の中を見回して「あ、これ、使ってみよう」と、ありあわせの素材を組み合わせて作る、ごく簡単なご飯です。料理は気楽に、だけど短期決戦、真剣勝負が私の信条。簡単ご飯こそ、身近にあるいい素材といい調味料を駆使して、おいしい味を追究したいと思います。たとえお昼ご飯でも、味見をするときは、目をつぶって雑念をふり払い、感性を研ぎ澄ませて味わう。一瞬のことだから、そのくらいの努力は惜しまないでほしい。

朝食や昼食に比べて、いつも夕食はごく軽めです。控えめにすると、夕食後、原稿書きの仕事などを、もう少しがんばろうかなという気分になれます。仕事もなにもなくて、たっぷり夜の時間があるときは、ひとり静かにワインを味わいます。好きなワインの色や香り、味を、私の視覚、嗅覚、味覚を集中させて、しっかり記憶に焼きつけるのです。これは私にとってなかなか楽しい訓練。最近、ワインが少しわかってきたような気がするのは、このマイブームのおかげかしら。

私の朝食にはたっぷりのバターとジャムがつきもの

冷凍庫にはいつも手作りのフルーツジャムがびんごと入っています。毎朝、トーストしたパンの上でカルピスバターと出会うためにお出まし。食卓には半熟のゆで卵も欠かせません。朝の光の中でひと回り大ぶりのカップで飲むミルクティーのおいしいこと。ヨーグルトやビタミンたっぷりの食べるジュースも私の大切な朝の仲間たちです。

うちの昼食は「まるで夕食のよう……」といわれます

うちの昼食はまさに一般家庭の夕食にあたるもの。ご飯に肉か魚料理、野菜の副菜に箸休め的なおかず、そして汁物とかなりの品数だと思います。そのうえ、玄米ご飯のときなどは、素朴なご飯の味に合うひじきの煮物やじゃこも登場。冷蔵庫の中からパッパッと選んだ素材です。これを低いテーブルに運べば、ゆったりとした昼食の始まり。

「そろそろお茶にしましょうか」、私が一日にいく度となく発するせりふです。イオン効果の高い炭を、部屋のあちこちに置き、寒くなると火鉢(実はベトナムの植木鉢)の鉄びんにはいつもお湯が沸いて出番を待っています。それぞれがそのときの気分でお茶を飲み、甘いお菓子もいただきます。仕事の合間に心身を休ませる貴重な時間です。

ホッとひと息。お茶の時間はなごみの時間

夕食はそのときあるもので軽めにを心がけて……

日本では夕食を重くしがちですが、外国に行くと朝はともかくお昼を大事にしてたくさん食べる国が多いのです。そこであるときから一食ずつずらし、夕食を朝の感覚で軽めにとるようにしたら、夕食後の頭脳もよく働いて原稿書きもスイスイ。朝はおなかがすいてしっかり食べられて、ダイエット効果まで出るおまけつきとなりました。

p.114-115

食べるジュース
材料は歯応えを残す程度に砕くこと。果物を必ず加えることがおいしさの秘訣。

［材料］●果物｛りんご・オレンジなど｝／適量　●野菜｛にんじん・セロリ・イタリアンパセリなど｝／適量　●レモン汁・オリーブ油／各少々

［作り方］❶果物と野菜類はすべてざく切りにし、りんごにはレモン汁をかける。❷①をバーミックスにかけて、ごろごろとするくらいまで砕き、オリーブ油をかける。

手作りジャム
余るほどのフルーツが手に入ったら即ジャムに。毎朝いろんな味に出会えます。

［材料］●果物｛パイナップル・ラズベリー・ブルーベリー・ぶどう・紅玉りんごなど1種類｝／適量　●グラニュー糖／果物の重さの½量

［作り方］❶鍋に果物とグラニュー糖を入れて煮る。ただし、紅玉りんごの場合は、りんご1個に対してレモン汁大さじ1とグラニュー糖大さじ1～1½の割合で。

p.116-117

ひじきの五目あえ
ひじきは濃いめに味つけし、味つけなしの野菜とあえれば濃さの調節も楽。

［材料］（作りやすい量）●ひじき（乾燥品）／60g　●さやいんげん／50g　●にんじん／½本　●油揚げ／1枚　●ごま油／大さじ2　●酒・みりん・しょうゆ／各大さじ3　●いりごま（金ごま）／大さじ5～6

［作り方］❶ひじきは水に浸してもどし、長いものは食べやすく切る。❷鍋にごま油を熱して①のひじきを炒め、酒とみりんを加え、煮立ったらしょうゆを加えて汁けがなくなるまで煮る。❸さやいんげんはゆでて食べやすく切る。にんじんは細切りにして固めにゆで、水けをきる。油揚げはサッとあぶってせん切りにする。❹②のひじきに③のさやいんげんとにんじん、油揚げを加えていりごまを混ぜる。（写真では玄米ご飯にひじきの五目あえ、ちりめんじゃこ、かぶの葉の古漬けをのせています）

鶏肉の酒蒸し
鶏肉を鴨に替えて、というのもおすすめ。蒸し汁は捨てずに調味料に使って。

［材料］●鶏胸肉／1枚　●長ねぎ／½本　●酒／適量　●たれ｛酢・しょうゆ・かんずり・ごま油／各適量｝　●溶きがらし／適量

［作り方］❶鶏肉はそぎ切りにして浅鉢に入れ、酒をふり、蒸し器に入れて蒸す。このとき出た蒸し汁は、スープ用にとっておく。❷長ねぎは斜め切りにして冷水にさらし、水けをきる。❸器に①の鶏肉と②の長ねぎを盛って溶きがらしを添え、たれの材料を混ぜ合わせてかける。

青菜のお浸し
まず削り節にしょうゆをかけて、それを青菜とあえて味を調節。

[材料] ◉青菜｛せり・水菜・クレソン・ほうれんそう・小松菜など1種類｝／適量 ◉削り節／適量　◉しょうゆ／少々

[作り方] ❶青菜はゆでて水にとって絞り、3～4cm長さに切る。❷削り節にしょうゆをほんの少々かけて混ぜ、①の青菜にからめながら食べる。

かぼちゃのいとこ煮
献立の中にちょっと甘めのものがあるとホッとするのは私だけではないはず。

[材料] ◉かぼちゃ／¼個　◉ゆであずき／カップ1½　◉塩／少々 ◉和三盆／大さじ7

[作り方] ❶かぼちゃは乱切りにする。❷鍋にかぼちゃとゆであずきを入れて塩をふり、水を鍋の1cm高さほど注いで和三盆を混ぜ、15分おいてからふたをして中火にかける。❸煮立ったらふたをときどきはずし、様子を見ながら、中火弱で15分ほど煮る。

鶏肉でとったスープ
鶏肉のだしと昆布のだしのおいしさででき上がり！　という手軽さ。

[材料] ◉鶏肉でとったスープ・カット昆布(角切り羅臼昆布)／各適量　◉塩／少々

[作り方] 鶏のスープを温めてカット昆布を入れ、軽く塩をふる。

p.120-121

水菜とじゃこのおかゆとこのわた
おかゆも米からコトコト炊くと本当に美味。満腹感があり消化もよく夕食向き。

[材料] ◉白米／カップ½　◉水／カップ4～5　◉水菜(細めのもの・好みの青菜でも)／3株　◉ちりめんじゃこ／ひとつかみ　◉塩／少々　◉好みでこのわた／適量

[作り方] ❶米は炊く30分以上前に洗って水けをきり、水菜は根を除いてざく切りにする。❷厚手の鍋または土鍋に分量の水と米を入れ、水から30～40分コトコトと煮てから、ほんの少しの塩を入れて混ぜる。❸①の水菜を加えて一煮立ちさせ、火をとめる。❹器に盛り、じゃこを加え、好みでときどきこのわたをつまみながら食べる。

やっぱりお酒の楽しみも欠かせません

夕食後はひとり静かに、またあるときは仕事の仲間や友人たちと賑やかに語らいながら、気に入ったお酒とつき合う時間もまた捨てがたいもの。そんなときには、ダイニングテーブルから離れて、自由なスタイルでくつろげる空間に好みのお酒を引き寄せて楽しみます。光と影を演出する照明の効果も見逃せません。

食材協力：おいしい本物を食べる会　東京都豊島区千早3-39-16　Tel.03(3530)1492
器協力：土の花　東京都港区南青山5-11-22テラス南青山　Tel.03(3400)1013
三好建太郎（p.69三島手茶碗）福井県武生市粟野町3-17　Tel＆Fax.0778(28)1132

アートディレクション：櫻井 浩（⑥Design）
デザイン：岩田伸昭（⑥Design）
写真撮影：中野博安
スタイリング：大原久美子
構成・編集：村上卿子（MEC）
文（エッセイ）：戸田真澄
編集協力：小幡千佳子
エディトリアルディレクション：小玉圭太（幻冬舎）風間詩織（幻冬舎）

有元葉子のいちばん好きなごはん

2001年4月10日　第1刷発行

著　者　有元葉子

発行者　見 城　徹

発行所　株式会社 幻冬舎

〒151-0051 東京都渋谷区千駄ヶ谷4-9-7

電話　03(5411)6211(編集)

　　　03(5411)6222(営業)

振替00120-8-767643

印刷・製本所:図書印刷株式会社

検印廃止

[著者紹介] 有元葉子 料理研究家。三女の母。野菜たっぷりのヘルシーな料理が得意で、シンプルでシックなセンスのよさには定評がある。そのエレガントな暮らしぶりに似合わぬパワフルな行動力にはだれもが驚かされる。イタリアと日本、まったく異なるふたつの生活スタイルを持つ。『有元葉子の和食』『有元葉子の料理の基本』(小社刊)ほか、『お気に入りのアジアめん』、『有元葉子のスーパー・シンプル・スパゲッティ』、『ひとりの暮らし 小さな贅沢』など著書多数。

　ISBN4-344-00067-6 C0070　Printed in Japan　幻冬舎ホームページアドレス http://www.gentosha.co.jp/